AF552939

भक्तजननी

माँ शारदा

भक्तजननी
माँ शारदा

रचना भोला 'यामिनी'

सत्साहित्य प्रकाशन, दिल्ली

प्रकाशक : सत्साहित्य प्रकाशन,
694–ए, (पहली मंजिल) चावड़ी बाजार, दिल्ली–110006
सर्वाधिकार : सुरक्षित / संस्करण : 2023 / मूल्य : दो सौ पंचास रुपए
मुद्रक : नरुला प्रिंटर्स, दिल्ली ISBN 978-81-7721-166-5

BHAKTA JANANI MAA SHARDA

by Rachna Bhola 'Yaminee' ₹250.00

Published by Satsahitya Prakashan, 694-A, (First Floor)
Chawri Bazar, Delhi-110006

माँ की उन संतानों के लिए
जिनके हृदय में माँ के स्नेह की
अखंड धारा प्रवाहित है!

दो शब्द

'माँ', एक ऐसा शब्द है, जिसे सुनते ही मन परम तृप्ति से भर जाता है। 'माँ', जिसमें संपूर्ण सृष्टि का सार समाया है। 'माँ', जो संतान के सारे कष्ट अपने ऊपर लेकर भी उसे आश्वस्त करती है। 'माँ', जो सही मायनों में जीवनदान देती है और फिर शुभ संस्कार देकर जीना सिखाती है। 'माँ', जिसके विभिन्न रूप हमारी कल्पना से भी परे हैं। 'माँ' एक संपूर्ण आनंददायिनी शक्ति है, जो मुनष्य मात्र के जीवन में परम चेतना का संचार करती है और यदि वह 'माँ', दिव्य शक्ति 'शारदा माँ' के रूप में प्रकट हो तो बात और भी अलौकिक हो जाती है।

श्रीरामकृष्ण परमहंसजी की लीला सहचरी 'माँ शारदा' ही स्नेह से 'श्रीमाँ' कही जाती हैं। वे अपने पति की दैवी शक्ति की ही एक अभिव्यक्ति थीं, एकरूप थीं। पति के लीलासंवरण करने के पश्चात् माँ ही शिष्यों का आधार बनीं। उनकी प्रेरणा स्रोत बनीं व उनकी गुरु बनीं तथा संघमाता कहलाईं।

उन्होंने संसार के सम्मुख मातृत्व भाव का अनुकरणीय उदाहरण प्रस्तुत किया। मानो रामकृष्णजी ने उन्हें अपने पश्चात् निमित्त बनाकर संसार में बनाए रखा ताकि वे शिष्यों के पाप-संताप हर कर, उन्हें मोक्ष की राह पर अग्रसर कर सकें।

प्रस्तुत पुस्तक में माँ के ही जीवन के विभिन्न रूपों को प्रस्तुत किया

गया है। यद्यपि माँ के उस दिव्य रूप को शब्दों में नहीं बाँधा जा सकता, किंतु उनके जीवन की कुछ झाँकियाँ निश्चिय ही पाठकों के लिए प्रेरक रहेंगी। माँ का स्नेह शब्दों में व्यक्त नहीं होता, वह तो उनके प्रत्येक विचार, चिंतन व मुद्रा से छल-छल प्रवाहित होता जाता है। माँ की जीवनी पर कार्य करना मानो एक आध्यात्मिक यात्रा ही थी, जिसमें मुझे भी कई बार उनके विचार रूपी सागर में डुबकियाँ लगाने का अवसर मिला। उस आत्मिक व अवर्णनीय आनंद को कैसे व्यक्त करूँ, यहाँ लेखनी विराम चाहती है।

प्रस्तुत पुस्तक की रचना में विशेष रूप से रामकृष्ण मठ व अद्वैत आश्रम की पुस्तकों का योगदान रहा, उनके प्रति हृदय से आभार व्यक्त करती हूँ। माँ के विषय में इतनी प्रामाणिक जानकारी केवल वही दे सकते थे। इसके अतिरिक्त जिन अन्य पुस्तकों व प्रकाशनों की सहायता ली, उन्हें भी धन्यवाद!

माँ के दिव्य चरित्र का शतांश भी पाठकों तक पहुँचा पाई तो अपना परिश्रम सार्थक मानूँगी। श्रीमाँ की पुण्य स्मृति को सादर नमन करते हुए…।

—रचना भोला 'यामिनी'

अनुक्रमणिका

दो शब्द *7*

1. 'माँ शारदा' 11
2. नववधू शारदा 15
3. वह मधुर भेंट 20
4. दक्षिणेश्वर यात्रा 24
5. आत्मिक मिलन 30
6. त्रिपुरसुंदरी पूजन 33
7. जीवन चक्र 36
8. हृदय की अवज्ञा 40
9. दस्यु पिता 43
10. श्रीमाँ का वनवास 46
11. ठाकुर सेवा 48
12. जप व ध्यान 50
13. ठाकुर का स्नेह 52
14. जगत् माँ 56
15. पनिहाटी महोत्सव 60
16. ठाकुर की महासमाधि 63
17. श्रीमाँ की सहनशीलता 69

18. पुत्रों के साथ 73
19. परिवार के लिए 75
20. श्रीमाँ तथा राधू 77
21. दीक्षादायिनी माँ 84
22. अंतिम जन्मोत्सव 88
23. चिरसमाधि 91

परिशिष्ट

24. श्रीमाँ व पुत्र नरेन 95
25. श्रीमाँ व पुरुष भक्त 102
26. श्रीमाँ तथा भगिनी निवेदिता 109
27. श्रीमाँ तथा महिला भक्त 115

'माँ शारदा'

जयरामवाटी के रामचंद्र मुखोपाध्यायजी कलकत्ता में थे। एक दिन उन्होंने स्वप्न में देखा, एक प्यारी सी बालिका आकर उनके गले से लिपट गई। बालिका की साज-सज्जा, आभूषण व देहकांति अद्‌भुत थी। उन्होंने मंत्रमुग्ध भाव से पूछा,

'तुम कौन हो, बिटिया?'

'लो अब तो तुम्हारे पास ही आ गई हूँ।' कन्या ने खिलखिलाकर उत्तर दिया और अलोप हो गई।

नींद टूटने पर रामचंद्रजी को ऐसा लगा मानो माँ भगवती ही किसी दैवी शुभ घटना का संकेत देने आई थीं। ऐसी ही एक घटना गाँव में उनकी पत्नी श्यामासुंदरी के साथ घटी। वे शिहड़ में देवदर्शन के लिए गई थीं। वे शौच से निवृत्त होने के लिए संध्या समय में एकांत में गईं। अचानक वृक्षों की ओट से एक कन्या निकली और उनके कंधों पर झूलने लगी। श्यामासुंदरी कुछ समझ न पाने के कारण मूर्च्छित हो गईं। कुछ समय बाद आत्मीय जन खोजते हुए आए और उन्हें घर ले गए। उस घटना के बाद माँ को लगा था कि वही बालिका उनके गर्भ में प्रविष्ट हो गई।

पति-पत्नी ने परस्पर संवाद में अपने-अपने अनुभव सुनाए तो धर्मपरायण दंपती को सहज ही विश्वास हो गया कि उनके यहाँ देवी ही पुत्री रूप में जन्म लेगी। उन्होंने पवित्र भाव से जीवनयापन करते हुए गर्भकाल व्यतीत किया। माता श्यामासुंदरी सदा भावी शिशु के जन्म की नाना कल्पनाओं में खोई रहतीं।

परिवार की पहली संतान और तिस पर वह चमत्कारिक घटना। उचित समय आने पर पूरे गाँव में शंखध्वनि गूँज उठी। रामचंद्र व श्यामासुंदरी के यहाँ 'माँ शारदामणि' ने जन्म लिया। उनका राशि का नाम 'ठाकुरमणि' था। श्यामासुंदरी ने नवजात कन्या को अंक में भरा तो मानो रोम-रोम तृप्त हो उठा।

परिवार निर्धन था, किंतु धर्म व अतिथि-सत्कार से कभी पीछे नहीं हटता था। पिता रामचंद्र श्रीराम के भक्त थे। जमीन से इतना धान नहीं मिलता था कि परिवार के लिए पर्याप्त होता, अतः वे कपास की खेती तथा यजमानी भी करते थे। माता श्यामासुंदरी कपास के खेत से रुई चुनकर जनेऊ बनाती थीं। उन्होंने शारदा के पश्चात् कादंबिनी नामक पुत्री व प्रसन्नकुमार, उमेशचंद्र, कालीकुमार, वरदाप्रसाद व अमनचरण नामक पाँच पुत्रों को जन्म दिया। अपनी युवावस्था में कादंबिनी, उमेश व अभय चल बसे। बाकी भाइयों का माँ के साथ आजीवन संबंध रहा। वे एक स्नेही माँ व दीदी के रूप में उनके परिवारों और संतानों के हित-साधन में लगी रहतीं।

माँ शारदा के बाल्यकाल के विषय में अधिक जानकारी नहीं मिलती। ग्रामीण स्त्रियों का कहना है कि शारदा बचपन से ही शांत व सुशील कन्या थी। परिवार की निर्धनता के बीच मानो कठोर परिश्रम ने उसे और भी सँवार दिया था।

छोटी सी आयु से ही वह भाइयों को सँभालने लगी। शारदा पानी में घुसकर पशुओं के लिए घास काटती। भाइयों को नहला-धुलाकर पाठशाला भेजने में माँ की मदद करती। खेतों में काम करते मजदूरों को चना-चबेना पहुँचाने जाती।

कहना न होगा कि प्रत्येक कार्य में वह माँ का साथ देती। श्यामासुंदरी अपनी गृहस्थी को भगवान् की गृहस्थी मानती थीं और उसी यत्न से सँभालती भी थी। वे बड़ी मिलनसार तथा सरल स्वभाव की महिला थीं।

शारदा काली या लक्ष्मी की मूर्ति बनाकर फूलों से उसका शृंगार

करती। मानो यही उसका मनोरंजन था। बचपन में भी वह अपने आस-पास अलौकिक शक्तियों को महसूस कर पाती थी। उनके द्वारा बाद में बताई गई घटनाओं से यह स्पष्ट होता है। जब भी वह काम करती तो उसे लगता कि एक समवयस्का उसके साथ-साथ काम करती डोल रही है। वह स्नान करने जाती तो वह शांत सी कन्या साथ होती। घास काटती तो वह कन्या बातें करते-करते घास कटवा देती। माँ शारदा के सिवा किसी को भी वह दिखती नहीं थी।

परिवार में माँ ने सबसे पहले कर्मशीलता व सहनशीलता का पाठ पढ़ा। परिवार की निर्धनता को भी उन्होंने मुकुटमणि की तरह धारण किया था। वह कभी किसी के आगे अपने अभावों का रोना नहीं रोती थीं। गृहस्थी के कामों में दिन-रात जुटी शारदा कभी कोई शिकायत नहीं करती। उन्हें तो जैसे सबको सुख देकर ही परम संतोष मिलता था।

पिता के पास भी उच्च धार्मिक संस्कार थे। उनमें सेवा-भावना कूट-कूट कर भरी थी। कहते हैं कि जब शारदा ग्यारह वर्ष की थी तो वहाँ भीषण अकाल पड़ा। लोग दाने-दाने को तरसने लगे। रामचंद्र के द्वार पर भी रोज भिक्षुक आ जुटते। परिवार के पके भोजन में से सबको हिस्सा दे पाना तो संभव नहीं था। रामचंद्रजी ने कहा, 'हमारे पास जितना भी धान पड़ा है। रोज उड़द की दाल मिलाकर बड़ी हाँड़ियों में उसकी खिचड़ी पकाओ। हमारा परिवार भी वही खाएगा और द्वार पर आनेवाले को भी वही परोसा जाएगा।'

माता श्यामासुंदरी भी परमार्थ से मुँह नहीं मोड़ती थीं। उन्होंने भी यह नहीं सोचा कि धान खत्म हो जाने पर उनके अपने परिवार का पेट कहाँ से भरेगा। स्वयं श्रीमाँ ने महिला भक्तों को बताया था कि कैसे दिन में कई-कई बार बड़ी-बड़ी हाँड़ियों में खिचड़ी पकती थी। पिता का आदेश था कि केवल शारदा के लिए अच्छा चावल अलग से पकाया जाए, पर शारदा भी वही खिचड़ी खाकर आनंदित थी।

खिचड़ी के बड़े बरतनों से निकलती भाप को ठंडा करने का जिम्मा

शारदा का था। वह नन्हे-नन्हे हाथों से तेजी से पंखा करती, ताकि घर के बाहर भोजन की आस में बैठे व्यक्ति खिचड़ी खा सकें।

शारदा की दया, करुणा, स्नेह व परदुःखकातरता ही आगे चलकर मातृत्व भाव में विकसित हुई। शारदा ने 'माँ शारदा' के रूप में, रामकृष्णजीकी तपस्विनी पत्नी व शिष्यों की जननी के रूप में अपना पूरा जीवन व्यतीत किया। निःसंदेह उनका जीवन आदर्श का जीता-जागता उदाहरण है।

यदि ऊपरी तौर पर देखें तो वे भी एक सांसारिक व्यक्ति की तरह संसार के नाना प्रपंचों, नाते-रिश्तेदारों, भक्तों की समस्याओं से घिरी दिखती हैं, किंतु उनका अद्भुत अलौकिक आध्यात्मिक स्वरूप भी समय-समय पर प्रकाशित होता रहता था। उनसे दीक्षा पाने वाले जाने कितने भक्तजनों ने स्नेही माँ में माँ जगदंबा का दर्शन पाया था।

स्वयं रामकृष्ण परमहंस ने भक्तों के प्रति उनमें आत्मीय बोध जाग्रत् किया, उनके स्वरूप का स्मरण करवाया। वे चाहते थे कि उनके लीला सँवरण करने के पश्चात् माँ उनका कार्यभार सँभालें। उनके जाने के बाद भी माँ स्वयं को मानवी रूप में ही प्रकट करती थीं, किंतु उनका दैवीय स्वरूप छिप नहीं पाता था।

यद्यपि अपने मायके व ससुराल पक्ष के समीप वे किसी की बुआ, चाची, दीदी व बहन ही बनी रहीं, किंतु भक्तों ने अपनी माँ जगदंबा को पहचान लिया था।

आने वाले अध्यायों में हम 'माँ शारदा' को श्रीमाँ के विचित्र रूपों में, नाना पात्रों से संबद्ध पाएँगे। कहीं वे वात्सल्य की प्रतिमूर्ति बनकर परिवार की सेवा करती हैं, तो कहीं पति व सासू माँ को सम्मानित भाव से सँभालती हैं, कहीं नाते-रिश्तेदारों की सांसारिक समस्याएँ हल करती हैं, तो कहीं स्त्री व पुरुष भक्तों के बीच जगज्जननी के रूप में प्रतिष्ठित होती हैं। भक्त-जननी माँ शारदा के जीवन की एक-एक घटना न केवल कर्तव्य, परोपकार व करुणा का संदेश देती है, अपितु अध्यात्म रूपी कक्ष के बंद द्वार भी खोलती है। □

नववधू शारदा

शारदा पाँच वर्ष की थी। उन्हीं दिनों भावी पति श्रीरामकृष्ण का उनके गाँव में आना हुआ। श्रीरामकृष्ण दक्षिणेश्वर में मातृसाधना में लीन रहते थे। मानो माँ काली के दर्शन पाना ही उनके जीवन का चरम लक्ष्य बन गया हो।

वे सदैव भावदशा में रहते। सांसारिक लोगों को देखने से यही लगता कि वे वायुरोग से ग्रस्त हैं। ऐसी ही अफवाहें उनकी माँ व भाई तक भी पहुँचीं। माँ अपने पुत्र रामकृष्ण के लिए व्यग्र हो गईं, जिसे वे प्यार से गदाधर कहती थीं।

लोग कहते थे कि दक्षिणेश्वर में गदाधर पागल हो गया है, उसे अपनी देह की सुध नहीं रहती, वह पूजा तक नहीं कर पाता।

रामकृष्ण माँ के आग्रह पर अपने गाँव कामारपुकुर आ गए। स्नेहवश माँ ने पुत्र की झाड़-फूँक करवाई, तांत्रिक बुलवाए, किंतु सभी ने एकमत से राय दी कि गदाधर को भूत-प्रेत की कोई बाधा नहीं है, वे तो दैवी भावावेश में मग्न हैं।

गदाधर की माँ चंद्रमणि का मन थोड़ा शांत हुआ। पुत्र का व्यवहार भी अपेक्षाकृत सहज होने लगा। उन्हीं दिनों रामकृष्ण के भानजे हृदयराम के घर प्रवचन व भजन-कीर्तन का आयोजन हुआ। उसके गाँव में ही शारदा भी रहती थी। हृदयराम के आग्रह पर रामकृष्णदेव ने समारोह में भाग लिया।

वहीं शारदा एक महिला की गोद में बैठी थी। महिला ने विनोद में

पूछा, 'यहाँ इतने जन बैठे हैं। तू इनमें से किससे विवाह रचाएगी?'

नन्ही शारदा ने जाने किस दैवी संकेतवश वहाँ बैठे रामकृष्ण की ओर संकेत कर दिया। उसने भावी पति चुन लिया था। यह बात वहीं खत्म हो गई।

उस समय रामकृष्ण की आयु तेईस-चौबीस वर्ष की थी। माँ चंद्रमणि चोरी-चोरी पुत्र के लिए लड़की तलाशने लगी। उनका मानना था कि विवाह कर देने से रामकृष्ण का मन यहाँ-वहाँ नहीं भटकेगा, किंतु पुत्र के विषय में फैली भ्रांत धारणाओं के कारण कहीं विवाह स्थिर नहीं हो पा रहा था। वधू पक्ष की माँगें पूरी करना उस निर्धन परिवार के वश में न था।

गदाधर को माँ की इच्छा भाँपते देर न लगी। उन्होंने कोई अनिच्छा प्रकट नहीं की, अपितु इस आगामी उत्सव की चर्चा में उत्साहपूर्वक भाग लेने लगे तो परिवार आश्चर्यचकित रह गया। माँ की प्रसन्नता की तो सीमा नहीं रही।

उन्होंने माँ से कहा, "जयरामवाटी में रामचंद्र मुखर्जी के घर एक सुयोग्य पात्रा है। वही मेरी वधू होगी।" रामकृष्ण का जन्म एक साधारण गृहस्थ की भाँति जीवनयापन करने के लिए नहीं हुआ था किंतु फिर भी उन्होंने विवाह किया। निश्चित रूप से इस विवाह का प्रयोजन कुछ और था। यह दो आत्माओं का मिलन था। संभवत: उन्होंने विवाहित जीवन के सर्वोच्च आदर्श को ही लोगों के सामने लाने के लिए विवाह किया था। उन्होंने पत्नी के साथ दैहिक संबंध से ऊपर उठकर एक ऊँचे आदर्श की स्थापना की।

माँ निर्धारित स्थान पर पहुँचीं, रामचंद्र मुखर्जी की बेटी को देखा। बस यही समस्या दिखी कि लड़की की आयु काफी कम थी। गदाधर चौबीस वर्ष के थे और कन्या ने छठे में कदम रखा था, किंतु होनहार समझकर उन्होंने विवाह संबंध पक्का कर दिया।

विवाह के अवसर पर वधू को पहनाने के लिए गाँव के जमींदार से कुछ आभूषण उधार लिये गए। दो साधारण परिवारों में यह आडंबरहीन विवाह संपन्न हुआ। विवाह के पश्चात् वधू के आभूषण लौटाने का समय

आया तो चंद्रमणि व्यथित हो गईं। नई वधू के शरीर से गहने कैसे उतारें? श्रीरामकृष्ण ने माँ की दशा भाँप ली। पत्नी सो गई तो उन्होंने सारे आभूषण धीरे-धीरे उतार दिए व माँ को सौंप दिए। अगली सुबह नन्ही वधू ने कौतूहल से पूछा, ''वे सब गहने कहाँ गए, जो मैंने पहन रखे थे?''

माँ ने उसे लाड़ से गोद में बैठाकर कहा, ''जाने दे बहू! मेरा गदाई तुझे उससे भी अच्छे गहने बनवा देगा।'' वह तो मान गई, परंतु उसी दिन बहू के चाचा आ गए। नववधू के शरीर पर गहने न देखकर वे क्रोधित हो उठे और उसे अपने घर जयरामवाटी ले गए। श्रीरामकृष्ण विवाह के बाद करीब एक वर्ष तक कामारपुकुर में ही रहे। वे लौटना चाहते थे तो माँ ने कहा कि कुल प्रथा के अनुसार बहू को लिवा लाओ।

उस समय को याद करते हुए शारदा प्रायः भाव-विभोर हो जातीं। वे कहतीं, 'ठाकुर मुझे लिवाने आए तो मैंने अपने पति के चरण धोकर सुखाए व ताड़पत्र से उन्हें हवा करने लगी। 'पितृगृह से विदा लेकर शारदा पति के साथ ससुराल आ गई।' कुछ समय तक वहाँ रहने के पश्चात् रामकृष्णदेव दक्षिणेश्वर लौट गए। शारदा भी पिता के यहाँ वापस चली गई। वे पुनः अपने मायके के स्नेहमय परिवेश में पलने-बढ़ने लगीं।'

इस दौरान वे परिजन के आग्रह पर एक-दो बार ससुराल भी गईं। सासू माँ उन दिनों दक्षिणेश्वर में थीं। रामकृष्णदेव को अपने सांसारिक संबंध विस्मृत हो गए। वे साधना की अनंत गहराइयों में खो गए थे।

विवाह को सात वर्ष हो गए। शारदा करीब तेरह वर्ष की हो गईं। इतने लंबे समय में एक बार भी पति से नहीं मिल पाई थीं। पति तो साधना के परमानंद में लीन थे।

वे पतिगृह रहने आईं। घर के समीप ही हालदारपुकुर था, किंतु शारदा को वहाँ स्नान के लिए अकेले जाते समय भय होता था। वे प्रायः घर के पिछवाड़े खड़ी होकर प्रतीक्षा करतीं कि कोई साथी मिल जाए। जाने कहाँ से आठ लड़कियाँ आ जातीं। चार उनके आगे व चार पीछे चलतीं। वे काफी समय तक शारदा का साथ देती रहीं। काफी दिनों बाद शारदा को पता चला

कि वे गाँव की लड़कियाँ नहीं थीं। आगे चलकर वह यह भी समझ गईं कि वे आठों लड़कियाँ देवी की सहचरियाँ थीं, अष्टनायिकाएँ थीं, जो देवी का साथ निभाने आती थीं।

इधर दक्षिणेश्वर में रामकृष्णदेव की भेंट एक भैरवी से हुई। उन्होंने भैरवी के स्नेह व वात्सल्य के बीच साधना के नए रूपों को देखा, जाना व समझा। उन दिनों वे गात्रदाह से पीड़ित थे।

मंदिर में उनके आत्मीय व शुभचिंतक मथुराबाबू तरह-तरह की चिकित्साएँ करवाने लगे। उनसे रामकृष्णदेव की पीड़ा देखी नहीं जाती थी। तब भैरवी ने कहा, 'यह गात्रदाह तो ईश्वर प्रेम की प्रचंड व्याकुलता का नतीजा है। यह दवाओं से ठीक नहीं होगा। पूरे शरीर में चंदन का लेप करो व पुष्पमालाएँ धारण करवाओ।'

जो रोग बड़े-बड़े चिकित्सकों से ठीक न हुआ। उसे इस उपाय ने तीन दिन में शांत कर दिया। भैरवी को वे माँ कहते थे। वे रामकृष्णदेव के शरीर में प्रत्यक्ष रघुवीर का आविर्भाव देख पाई थीं। धर्म व अध्यात्म की उत्ताल तरंगों में गोते लगाते माँ-पुत्र का यह नाता भी अद्‌भुत ही था। श्रीरामकृष्णदेव की तपस्या का कुल काल बारह वर्ष रहा। इस कठोर तपश्चर्या ने उनके शरीर को क्षीण कर दिया था। अतः स्वभाव में भी विचित्रता आ गई। कभी-कभी तीव्र क्षुधा अनुभव होती। ईश्वर प्राप्ति के मार्ग के साधकों के साथ ऐसा होता है। प्रबल भावतरंगों के कारण कभी-कभी वे अलग सा व्यवहार करते। उन्होंने मुख्य-मुख्य चौंसठ तंत्रों की सभी साधनाओं का अनुष्ठान किया। उन कठिन साधनाओं में पथभ्रष्ट होने की पूरी संभावना थी, किंतु माँ की कृपा से वे सफल रहे। वे ईश्वर-दर्शन की माधुरी का रस पा चुके थे। विभिन्न धर्मों, संप्रदायों व अनुष्ठानों के प्रति उनकी आस्था व भक्ति देखते ही बनती थी।

दक्षिणेश्वर में मंदिर की संस्थापिका रानी रासमणि स्वर्ग सिधार चुकी थीं, किंतु साधु-संन्यासियों की सेवा में कोई कमी नहीं आई। वह स्थान धर्म का प्रमुख केंद्र बनने लगा।

रामकृष्णदेव ने कभी अपने इन अनुष्ठानों का विस्तृत वर्णन नहीं किया, किंतु उस कालखंड में उनके साथ रहने वालों के मुख से बहुत कुछ जानने को मिला। कहते हैं कि उन्होंने मधुरभाव की साधना भी की थी। वे स्त्रियों के समान वेश व गहने धारण करके राधा रानी बनकर घूमते। पूरे छह माह तक उन्होंने अपने पुरुष होने का ज्ञान तक भुला दिया था। मथुरा बाबू ने उन्हें जो गहने बनवा दिए थे, वे आजीवन माँ शारदा के शरीर पर सुशोभित रहे।

इसके पश्चात् उन्होंने वेदांतसाधना प्रारंभ की। माँ काली की आज्ञा से उन्होंने तोतापुरी से वेदांत का ज्ञान पाया। फिर वे इसलाम धर्म की साधना में लीन हो गए। कहने का तात्पर्य यह है कि रामकृष्ण 'परमहंस' होने की प्रक्रिया में निरंतर उन्नति कर रहे थे। इसलाम धर्म की साधना के दौरान वे न तो कालीमंदिर गए और न ही हिंदू देवी-देवताओं को प्रणाम किया। सिद्धियों को भी ठुकराने वाले श्रीरामकृष्ण देव अपनी ही धुन में मग्न थे।

इधर उनकी अर्द्धांगिनी शारदा मायके में थीं। जब भी अवसर पातीं। ससुराल में रिश्तेदारों से मिलने अवश्य जातीं। उन्होंने प्रारंभिक शिक्षा तो कहीं नहीं पाई थी, किंतु जाने कहाँ से पढ़ने की इच्छा जाग्रत् हो उठी। वे 'वर्णपरिचय' लेने लगीं, किंतु एक दिन भानजे हृदय ने पुस्तक छीन ली और बोला, 'स्त्रियों को पढ़-लिखकर क्या करना है? क्या वे नाटक और उपन्यास पढ़ेंगी?'

वह पुस्तक तो छिन गई, किंतु शारदा ने दूसरी पुस्तक मँगवा ली। वह छिप-छिपकर अपनी सखी से पढ़ना सीखतीं। यद्यपि वे कभी लिखना नहीं सीख सकीं, किंतु रामायण पढ़ने लायक ज्ञान तो पा ही लिया था।

कामारपुकुर प्रवास में शारदा को बहुत कुछ सीखने का मौका मिला। वैसे भी दैन्यमय जीवन किसी कठोर प्रशिक्षण से कम नहीं होता। जहाँ उनके पति सब कुछ भुलाकर नाना प्रकार की साधनाओं से जीवन को सँवारने में व्यस्त थे, वहीं शारदा प्रकृति देवी के संरक्षण में साधारण गृहस्थ महिला की भूमिका का निर्वाह करना सीख रही थीं।

□

वह मधुर भेंट

वर्षा ऋतु आ पहुँची। रामकृष्णजी की तबीयत अभी सँभली ही थी। मथुराबाबू ने निश्चय किया कि वे रामकृष्णजी को कुछ समय के लिए कामारपुकु र भेज देंगे। उन्होंने वहाँ की गृहस्थी के लिए सारी सुख-सुविधाएँ जुटाने की व्यवस्था कर दी। चंद्रमणि गंगातट पर ही रहने का संकल्प ले चुकी थीं, अत: वे नहीं गईं। भैरवी व रामकृष्ण कामारपुकुर के लिए रवाना हो गए।

लगभग सात वर्ष पश्चात् गदाई का गाँववालों से मेल हुआ। अब गाँव का गदाधर श्रीरामकृष्णदेव था। वे मानो अब तक जीवन की चिरसंगिनी को भुलाए बैठे थे। अचानक उसकी सुध हो आई। शारदा को भी बुलवा लिया गया।

विवाह को सात वर्ष बीत गए थे। ये तो मानो शारदा की पति से प्रथम भेंट ही थी। किशोरी शारदा भी पति के विषय में उल्टी-सीधी बातें सुन-सुनकर व्यथित थी किंतु यहाँ तो विनोदी व स्नेही रामकृष्णजी से भेंट हुई, ये कुछ माह उनके जीवन की सुखद स्मृतियों में से थे।

कुछ ही दिन के संकोच के पश्चात् शारदा ने देवतुल्य पति की सेवा का भार सँभाल लिया। रामकृष्ण भी गुरु की भाँति अपनी पत्नी को हर प्रकार की शिक्षा देने व उसके संपूर्ण जीवन को सुंदर व सार्थक बनाने के लिए प्रयत्नशील हो उठे।

प्रभु भक्ति कैसे हो, घरेलू बातों का ध्यान, अतिथियों की सेवा, घर

की वस्तुओं की सँभाल, छोटों के प्रति स्नेह व कर्तव्य परायणता, देश, काल व पात्र के अनुसार आचरण करने की शिक्षा आदि विषयों में उन्होंने पत्नी को पारंगत कर दिया। शारदा भी किसी नवदीक्षित शिष्या की भाँति बड़े उत्साह से पति की बातों का पालन करतीं। भगवान् के प्रति स्नेह व समर्पण का सच्चा सुख व उसे पाने की उत्कट अभिलाषा की शिक्षा भी उन्हीं दिनों प्राप्त हुई।

कभी रामकृष्ण भगवत्चर्चा में लीन रहते तो कभी सांसारिक व्यक्तियों की तरह हँसी-दिल्लगी करते। कौतुकप्रियता व विनोद तो उनके स्वभाव में ही था। उस कामहीन, सरल, सहज व पवित्र स्वभाव के विषय में एक बार उन्होंने स्त्री भक्तों से कहा था, 'ऐसा लगता था मानो हृदय में आनंद का पूर्ण घट स्थापित कर दिया गया है; उस समय मैं सर्वदा यही अनुभव करती थी। उस धीर, स्थिर, दिव्य उल्लास से हृदय कितना भरा रहता था, उसका वर्णन नहीं किया जा सकता।'

श्रीरामकृष्ण नाना प्रकार के व्यंजनों के शौकीन थे। संभवत: वे खाने-पीने की साधारण वासना का अवलंबन कर अपने मन को जीव भूमि में अटकाए रखना चाहते थे। शारदा व उनकी भाभी प्रतिदिन भोजन पकातीं और वे रस लेकर खाते। मानो एक संपूर्ण गृहस्थी का चित्र साकार था। नहीं थी तो बस 'दैहिक वासना'।

वे निरंतर शारदा को ऊँचे तत्त्वों की शिक्षा देते। उन्हें समझाते कि भगवान् की भक्ति व वैराग्य ही जीवन का सार है। बाल-बच्चे पैदा करके जीवन-यापन तो पशु भी कर ही लेते हैं।

एक दिन शारदा व भौजाई ने खाना पकाया। भौजाई तो पाककला में सिद्धहस्त थी पर शारदा अभी सीख ही रही थीं। भोजन करते समय भौजाई की पकी वस्तु को मुँह में डालते ही रामकृष्ण बोले, "हृदय! यह तो कुशल रामदास वैद्य का कमाल है।" फिर पत्नी की बनाई वस्तु मुँह में डालकर बोले, "यह अनाड़ी श्रीनाथ सेन वैद्य का काम लगता है।"

हृदय बोला, "हाँ, लेकिन आपके लिए तो अनाड़ी श्रीनाथ ही ठीक है। ये भोजन बनाने के सिवा हाथ-पैर भी दबा सकता है। जब भी बुलाओगे दौड़ा चला आएगा। रामदास की तो फीस भी ज्यादा है और वह हर समय नहीं मिलता।"

रामकृष्ण बोले, "हाँ रे, यह तो सही कहा! मेरा तो अनाड़ी वैद्य ही भला है। मुझे सहज प्राप्य जो रहेगा।" यह सुन सभी खिलखिला दिए। इसी प्रकार रसमयी बातों से छोटा-सा कुटुंब मुखरित रहता। शारदा दिन-रात ससुरालजन की सेवा में मग्न रहती। विवाह के बाद पहली बार पतिगृह में गृहस्थी करने का अवसर पाया था। वे भैरवी को सासू माँ सा मान देती। उनकी सेवा का ध्यान रखती।

भैरवी ने भी पहले-पहले शारदा को स्नेह से ही अपनाया था, किंतु जाने कहाँ से एक अनजानी सी ईर्ष्या ने आ घेरा। रामकृष्ण का अपनी पत्नी के साथ वह सहज स्नेह उन्हें बिल्कुल नहीं भा रहा था। उन्हें लगता था कि यदि ऐसा ही चलता रहा तो इससे रामकृष्ण के ब्रह्मचर्य की क्षति होगी।

उनके मन में कुछ अभिमान भी आ गया था। जब भी कोई किसी विषय में रामकृष्णजी का मत लेना चाहता तो वे अभिमानवश कहतीं—"उनसे क्या पूछोगे, उसे तो मैंने ही सब सिखाया है।"

सांसारिक जीवन में पुत्रवधू के आने के बाद माँ का पुत्र पर एकाधिकार समाप्त हो जाता है। तभी सास व पुत्रवधू के संबंधों में कुंठा उत्पन्न होती है। कुछ ऐसी ही परिस्थितियाँ वहाँ भी थीं।

भैरवी को लगने लगा था कि कहीं शारदा उनके पुत्र तुल्य रामकृष्ण को उनकी भक्ति से च्युत न कर दे। उसे सांसारिक विषम-वासनाओं में न घसीट ले। तभी वे नाना कारणों से शारदा से विमुख रहने लगी।

पहले-पहल का सहज स्नेह जाने कहाँ विलुप्त हो गया। शारदा फिर भी अकुंठित भाव से उनकी सेवा करती रही। भैरवी नहीं जान पाईं कि किशोरी शारदा रामकृष्ण के भावी जीवन का एक अटूट अंग बनने की दीक्षा

ले रही थी। उसे रामकृष्णदेव की साधना का उत्तराधिकारी जो बनना था। संसार में मातृत्व की महिमा स्थापित करनी थी।

पति से भेंट के उन सात माह में शारदा ने बहुत कुछ सीख लिया था। उसने पति के पावन सान्निध्य का पूरा आनंद पा लिया था। जब भैरवी को अपनी भूल का एहसास हुआ तो श्रीरामकृष्णदेव से क्षमा माँग कर अन्यत्र चली गईं। इसके पश्चात् रामकृष्ण दक्षिणेश्वर चले आए और शारदा फिर से मायके लौट गई।

□

दक्षिणेश्वर यात्रा

रामकृष्णजी से भेंट हुए चार वर्ष बीत गए थे। शारदा अपने मायके में अठारह वर्ष की हो गई थी। निःसंदेह पति से उस भेंट के बाद उसका व्यवहार पहले से काफी बदल गया था। किंतु कोई भी प्रत्यक्ष में उसका कारण नहीं जान सका।

पति का समाचार न मिल पाने की उत्कंठा उसके हृदय पर छाने लगी। सभी का व्यवहार पूर्ववत् था, किंतु जाने क्यों शारदा के मन को एक अजीब सी रिक्तता का अनुभव होता। कामारपुकुर के उस दिव्य आनंद की सुखद स्मृति भुलाए नहीं भूलती थी, किंतु पति की ओर से आनेवाले समाचार भी व्याकुल कर देते थे।

ग्रामवासियों को रामकृष्णजी के विचित्र स्वभाव की कोई जानकारी मिली व उन्होंने कल्पना के आधार पर ही निश्चित कर लिया कि वे पागल हो गए हैं। यह बात जंगल की आग की तरह चारों ओर फैल गई कि श्यामा (शारदा की माँ) का जमाई पगला गया है।

बस! फिर तो सहानुभूति की चाशनी में लिपटे व्यंग्यबाणों व कटूक्तियों का अभाव न रहा। कोई बेचारी स्नान करने जाती-जाती ठिठक जाती—'श्यामा, सुना है शारदा का पति पागल हो गया है।' कोई चूल्हे की आग लेने के बहाने घर आ पहुँचती—'छिः छिः! कैसा कलियुग आ गया! ऐसी निश्चल व सरला लड़की के साथ इतना बड़ा षड्यंत्र। बेचारी को पगले के पल्ले बाँध दिया।'

धीरे-धीरे गाँववालों को रस लेने व समय बिताने का अच्छा प्रसंग मिल गया। शारदा पति के विषय में यह सब सुनकर सह नहीं पाती थी। किस-किस का मुँह बंद करती। उसने घर से निकलना ही छोड़ दिया।

जयरामवाटी में अपने घर के सिवा केवल भानु बुआ का घर ही शारदा की आश्रयस्थली था। भानु बुआ ने कभी उसे 'पगले की पत्नी' नहीं कहा था। केवल वही थी जिसे रामकृष्णजी के दिव्य भाव का थोड़ा आभास था और उसने श्यामासुंदरी से इस विषय में कहा भी था।

शारदा की उत्कंठा दिन-ब-दिन बढ़ती जा रही थी। एक दिन उसने सोचा—'क्यों न एक बार उनके पास हो आऊँ। यदि लोग सत्य कहते हैं तो इस समय तो उन्हें मेरी सेवा की अधिक आवश्यकता है।' शीघ्र ही दक्षिणेश्वर जाने का प्रसंग भी उपस्थित हो गया। उस वर्ष जयरामवाटी से कई लोग फाल्गुन पूर्णिमा स्नान के लिए कलकत्ता जा रहे थे। शारदा ने पिता से अनुमति माँगी तो वे पुत्री के मन की दशा जानकर 'न' नहीं कह सके तथा स्वयं साथ चलने को प्रस्तुत हो गए।

तारकेश्वर से होते हुए दक्षिणेश्वर का पैदल मार्ग करीब साठ मील था। निर्धन ग्रामीण पदयात्रा करते थे। रात को किसी धर्मशाला में ठहर जाते थे।

दो-तीन दिन तक की यात्रा तो बहुत ही उमंग व उल्लास से कटी। उसके बाद पैदल चलने की अनभ्यस्त शारदा को तीव्र ज्वर ने घेर लिया। हालत इतनी बिगड़ गई कि पिता-पुत्री को एक धर्मशाला में शरण लेनी पड़ी।

ज्वर की यंत्रणा तो कोई नई बात न थी। उन्होंने जीवन में अनेक कष्ट सहे थे, किंतु पति-परमेश्वर के दर्शनों की जिस तीव्र अभिलाषा व मनोरथ के साथ उन्होंने घर से बाहर कदम रखा था, अब उसी की पूर्ति में समय लग रहा था। पिता दवा व पथ्य आदि का प्रबंध करने निकले।

शारदा उस अपरिचित स्थान में बेसुध पड़ी थीं। तभी उन्हें ऐसा लगा

कि कोई श्यामवर्णा रमणी पास बैठी उनका माथा सहला रही है। उसका स्नेहमय शीतल स्पर्श पाते ही शारदा की सारी ग्लानि दूर हो गई। सारा ताप जाता रहा। शारदा ने पूछा—'तुम कौन हो? कहाँ से आई हो?'

वह रमणी बोली—'मैं दक्षिणेश्वर से तुम्हें लिवाने आई हूँ?'

शारदा तो सुनकर स्तब्ध रह गई।

'अरे! मुझे भी तो वहीं जाना है। वहाँ मेरे पति रहते हैं।'

'हाँ-हाँ, अवश्य जाना। स्वस्थ हो जाओ। फिर वहाँ जाकर पति की खूब जतन से सेवा करना', रमणी बोली—

'पर, तुम हमारी कौन हो?'

'मैं तुम्हारी बहन हूँ। तुम्हें देखने आई थी।'

'अच्छा, इसलिए आई हो!' शारदा ने कहा और फिर वह सो गई।

अगली सुबह ज्वर उतर गया था। शारदा के मन में अभी रात वाली घटना की याद ताजा थी। वह उस रमणी की अलौकिक आभा को भुला नहीं पा रही थी। मन में फिर से दक्षिणेश्वर पहुँचने का उत्साह जाग गया था। पिता-पुत्री कुछ आगे बढ़े थे कि एक पालकी मिल गई। शारदा पालकी में सवार हुई। मन में फिर से विचारों का झंझावत चलने लगा। नाना प्रश्नों की वर्षा होने लगी। पति उनके इस अचानक आगमन का क्या अर्थ लेंगे। कहीं वे उसे दुत्कार तो नहीं देंगे। कहीं उन्होंने पिता जी का ही अपमान कर दिया तो? कहीं वे सचमुच पगला¨ न-न ईश्वर न करे। जिस पति ने उन्हें पिछली भेंट में अपनी अलौकिक व दिव्य संगति का स्वाद चखाया था। वे भला उसे कैसे दुत्कार सकते हैं। हाँ, हो सकता है कि अपने कठोर साधना काल में वे कुछ समय के लिए अतिव्यस्त हो गए हों, किंतु वे कभी भी अपनी पत्नी को भुला नहीं सकते।

इन्हीं सब बातों के बीच दक्षिणेश्वर आ पहुँचा। शारदा पालकी से उतरी तो मन हर्ष-विषाद के बीच झूल रहा था। एक ओर पति को सुदीर्घ चार वर्षों के पश्चात् देखने की उत्सुकता थी तो दूसरी ओर मन उनकी

कुशल मना रहा था। वे केवल यही चाहती थीं कि जिस लोकापवाद को वे आज तक सहती आई थीं, उसमें रंचमात्र भी सत्यता न हो। वे अपने पति के उसी मंजुल रूप का दर्शन करें, जो वास्तव में एक सुखद स्मृति के रूप में हृदय में आसीन था।

वे लोग गंगा जी के घाट पर उतर ही रहे थे, तभी रामकृष्णजी का स्वर सुना, 'अरे हृदय! वह पहली बार आ रही है। अशुभ वेला तो नहीं।' शारदा ने उस अशुभ मुहूर्त को रात में ही बिता दिया था, अतः वह उस ओर से निश्चिंत थी। पति की प्रेमपगी वाणी के आकर्षण से बँधी, वह सीधा वहीं जा पहुँची। श्रीरामकृष्ण देखते ही बोले—'तुम आ गईं। बहुत अच्छा किया, अरे, चटाई बिछा दो।' इस एक वाक्य ने वे सारे संदेह, सारी शंकाएँ, सारे भय निर्मूल कर दिए। ये तो वही सहज स्नेही पति थे, जिन्होंने जाने-अनजाने शारदा को भी जीवन जीने की एक नई राह दिखा दी थी।

शारदा को राह में ज्वर हो आया था। यह जानते ही मानो उनकी चिंता का अंत न रहा। शारदा ने कुछ देर वार्तालाप करने के पश्चात् दूसरे स्थान पर जाने की कही तो बोले—नहीं, तुम्हें दूसरे स्थान पर असुविधा होगी। यहीं विश्राम करो। अभी ज्वर के कारण शरीर कमजोर दिखता है।

शारदा के संतप्त हृदय को शांति मिल गई थी। वे भला अपनी पत्नी को कहाँ भूले थे। वे तो मानो पहले से भी कृपालु और स्नेही हो गए थे।

उस रात शारदा अपनी एक सखी के साथ उन्हीं के कक्ष में सोई। अगले ही दिन डॉक्टर व फलादि का प्रबंध किया गया। पति की सेवा, स्नेह व संबल ने शारदा को शीघ्र ही स्वस्थ कर दिया।

माँ चंद्रमणि उन दिनों नौबतखाने में रहती थीं ताकि वहाँ से गंगास्नान के लिए जाने में सुविधा हो। नववधू के आने का समाचार पाते ही वे भी मुदित हो उठीं पर शारदा ने शीघ्र ही अपना कर्तव्य निश्चित कर लिया। भले ही उसके व पति के बीच प्रत्यक्ष में इस विषय में कोई चर्चा नहीं हुई, किंतु उसने इतना जान लिया था कि रामकृष्णजी को उसके दक्षिणेश्वर

में रहने में कोई आपत्ति नहीं है।

पिता भी पुत्री को अपने गृहस्थ धर्म में प्रवृत्त देख निश्‍िंचत होकर लौट गए। शारदा तो पहले ही तय करके आई थी कि पति के चरणों में स्थान न मिला तो वह गंगा में आत्मसमर्पण कर देगी, किंतु यहाँ तो मानो पहले से ही उनका स्थान व कर्तव्य निश्‍चित थे।

गाँव की किशोरी शारदा यहाँ 'माँ' कहलाने लगीं। भक्तगण रामकृष्ण को ठाकुरजी कहते थे और शारदा को संबोधन मिला 'माँ'।

शब्द चाहे छोटा सा हो, किंतु इस एक 'शब्द' की मधुरता, वात्सल्य व कर्तव्य की कोई सीमा नहीं होती। उसी मातृत्व भाव को अंगीकार करते हुए, शारदा अपने पति के परिचितों की 'माँ' व 'श्रीमाँ' कहलाईं।

अब से हम भी उन्हें 'श्रीमाँ' कहकर ही संबोधित करेंगे। शारदामणि ने मानो श्रीमाँ के रूप में नया जीवन पाया था।

रामकृष्णदेव पिछले कुछ वर्षों से अपनी साधना के चरम रूपों में इतने लीन रहे कि उन्हें किसी भी दूसरे संबंध अथवा नाते की सुध ही न रही। अब श्रीमाँ को देखते ही उन्हें पुनः अपना अपूर्ण कर्तव्य स्मरण हो गया। किसी दैव इच्छावश वे श्रीमाँ को भी अध्यात्म के मार्ग पर अग्रसर कर देना चाहते थे।

कामारपुकुर प्रवास के दौरान उन्होंने माँ जगदंबा से प्रार्थना की थी कि वे उनके जीवन साथी के हृदय से कामभाव को खत्म कर दें। माँ ने उनकी पुकार सुन ली थी। माँ शारदा जान गई थीं कि उनका व पति का संबंध देह के बंधनों से परे और अलौकिक है।

श्रीरामकृष्णदेव अपनी जीवन संगिनी को भी दिव्यता के पथ पर ले जाने के लिए तत्पर हुए। अब उनकी पत्नी केवल पत्नी ही नहीं, शिष्या भी थी। वे श्रीमाँ को घरेलू कार्य करने के अतिरिक्त आत्मीय जन के प्रति शिष्ट व्यवहार, मर्यादा पालन, भजन, कीर्तन आदि की शिक्षा देने लगे। कुछ समय पश्‍चात् उन्होंने श्रीमाँ को समाधि व ब्रह्मज्ञान का ज्ञान दिया।

माँ उनके इस व्यवहार व आचरण को भली-भाँति हृदयंगम कर रही

थीं। वर्षों पति-सेवा के सुख से वंचित माँ ने मानो खोई जीवन-निधि पा ली थी। वे जान गई थीं कि वे पति-पत्नी सामान्य सांसारिक संबंध से कहीं ऊपर हैं तथा इस दिव्यता व भव्यता में ही श्रीरामकृष्णजी की साधना का सार छिपा है।

दरअसल, पुरुष के विकास व अध्यात्म उत्थान की प्रक्रिया में स्त्री का बहुत बड़ा हाथ होता है। स्त्री के मोह में पड़ते देर नहीं लगती। यदि वे चाहतीं तो अपनी ओर से पति को दैहिक सुख के लिए आकर्षित करने की चेष्टा कर सकती थीं, वह अलग बात है कि रामकृष्ण कभी उस प्रलोभन में न पड़ते और न ही श्रीमाँ ने स्वप्न में भी ऐसी बात सोची।

□

आत्मिक मिलन

श्रीमाँ नौबतखाने से ही सारी गृहस्थी का संचालन करतीं। आगंतुक उनके हाथ का सुस्वाद भोजन व आतिथ्य पाकर धन्य हो उठते। एक दिन ठाकुर ने उनसे कहा कि वे उन्हीं के कमरे में शयन करें। जाने ठाकुर ने क्या सोचकर यह आज्ञा दी थी, किंतु चंद्रमणि का हृदय आनंदित हो उठा। उन्हें लगा कि वर्षों से नाना साधनाओं में लीन पुत्र को अब जाकर कहीं प्रेम-साधना करने की सुध आई है किंतु श्रीमाँ इस विषय में पूर्णतया आश्वस्त थीं।

उन्होंने पति के ही कमरे में अपने लिए चारपाई लगा ली। दोनों अत्यंत घनिष्ठ भाव से जीवनयापन कर रहे थे। एक गृहस्थ जीवन अपनी पूरी मधुरता के साथ दृश्यमान था। बस अंतर इतना था कि इस युगल का मिलन आत्मिक था।

पूरे आठ माह तक श्रीमाँ ठाकुर के साथ उनके कक्ष में रहीं। ठाकुर की एक-एक इच्छा, आवश्यकता का ध्यान रखा। उनकी पूर्ण तन्मयता से सेवा की। वे उन्हें स्नान से पूर्व तेल मल देतीं। उन्हें पास बिठाकर भोजन करवातीं। उनके पथ्यापथ्य का ध्यान रखतीं। उनकी मुखशुद्धि का मसाला देतीं।

प्रारंभिक दिनों में एक रात ठाकुर ने पूछा—'क्यों जी, क्या तुम मुझे इस संसार में खींचने के लिए दक्षिणेश्वर आई हो?'

श्रीमाँ ने निःसंकोच उत्तर दिया—'नहीं, भला मैं ऐसा क्यों करने लगी।

मैं तो आपके इष्टपथ की सहायिका मात्र हूँ। आपकी सेवा व आपके आदर्शों की स्थापना में सहायता देना ही मेरे जीवन का एकमात्र लक्ष्य है।' ठाकुर उनका उत्तर सुन गद्‌गद हो उठे। उन्हें श्रीमाँ से ऐसे ही उत्तर की आशा थी। उन्हें संतोष हुआ कि उनकी शिक्षा व्यर्थ नहीं जा रही थी। एक अल्हड़, ग्रामीण बाला आध्यात्मिक पथ पर निरंतर अग्रसर थी।

श्रीमाँ परम श्रद्धा व भक्तिभाव से ठाकुर की चरण सेवा करतीं। एक दिन यूँ ही वे भी पूछ बैठीं –

'आप मुझे किस रूप में देखते हैं?'

रामकृष्णजी ने रंचमात्र दुविधा के बिना उत्तर दिया, 'जो माँ मंदिर में विद्यमान हैं, उन्होंने ही इस शरीर को जन्म दिया है और अब नौबतखाने में हैं, और वे ही इस समय मेरे पैर दबा रही हैं; मैं तो सदा तुम्हें साक्षात् आनंदमयी के रूप में ही देखता हूँ।'

यह उत्तर सुनकर तो श्रीमाँ भावी जीवन व कर्तव्य के प्रति और भी आश्वस्त हो गईं। यह तो मानो एक आत्मिक मिलन था। या यूँ कहें कि दंपती के जीवन का अग्नि-परीक्षा काल था। वे दोनों पति-पत्नी होने पर भी सांसारिक बंधन अथवा नियम से परे इस संबंध को निभा रहे थे।

काफी समय बाद रामकृष्णजी ने अपने भक्तों से कहा था कि जब एक रात श्रीमाँ उनके साथ सो रही थीं तो उन्होंने अपने मन से कहा– 'रे मन! देख ले, यही है नारी शरीर! लोग इसे उपभोग की वस्तु मानते हैं तथा इसे पाने के लिए सदा लालायित भी रहते हैं। यदि इसे स्वीकार लिया जाए तो मनुष्य आजन्म देह में ही बँधा रह जाता है। उसके बंधन से ऊपर नहीं उठ पाता। रे मन! अपनी भावनाएँ मत छिपा। एक साथ दो भाव लेकर मत चल। यदि तू वास्तव में इस नारी शरीर को पाना चाहता है, तो यह तेरे सामने है, इसे ग्रहण कर ले।'

यह सोचते ही उन्होंने ज्यों ही पत्नी को स्पर्श करने के लिए हाथ बढ़ाया, वे भाव समाधि में लीन हो गए। अगले दिन काफी समय बाद वे

व्यावहारिक जगत् में आ सके।

ठाकुर के मन में श्रीमाँ के लिए कभी कोई काम विकार उत्पन्न नहीं हुआ। प्राय: वे रात को समाधिस्थ हो जाते। कभी वे भावाविष्ट होकर हँसते, कभी रोते, कभी पूर्णतया निश्चल हो जाते। इस प्रकार सारी रात बीत जाती।

श्रीमाँ तब तक भावसमाधि के विषय में विशेष कुछ नहीं जानती थीं। अध्यात्म पथ की नवदीक्षिता के लिए यह दृश्य वास्तव में काफी भयभीत कर देनेवाला होता। वे जान ही नहीं पाती थीं कि क्या करें? रामकृष्णजी की दीर्घ समाधि कैसे तोड़ी जाए।

अंतत: उन्होंने हृदय का आश्रय लिया। उनके बुलाते ही हृदय कक्ष में आ जाता व ठाकुर के कान में प्रभु का नाम सुनाता। धीरे-धीरे वे चैतन्य हो जाते।

जब उन्हें यह पता चला तो श्रीमाँ को भी सिखला दिया कि कैसा भाव देखने पर कौन-सा बीजमंत्र सुनाना चाहए। उसके बाद माँ का भय जाता रहा। ज्यों ही वे उनके कान में बीजमंत्र विशेष का जाप करतीं तो वे सहज होते चले जाते।

कौन जाने ठाकुर ने स्वयं यह लीला रची थी ताकि श्रीमाँ को यह विद्या सीखनी पड़े। आगे चलकर स्वयं माँ ने जाने कितनों को दीक्षा दी व आध्यात्मिक शक्ति का वितरण किया। इसी से स्पष्ट होता है कि उन्होंने पति की सहायता से कई गुप्त साधनाओं द्वारा सिद्धियाँ व सिद्ध मंत्र पाए थे।

□

त्रिपुरसुंदरी पूजन

श्रीमाँ जब दक्षिणेश्वर आईं तो वे उन्नीसवें वर्ष में पदार्पण कर चुकी थीं। यौवन संपूर्णा श्रीमाँ ठाकुरजी की प्रत्येक परीक्षा में खरी उतरीं। उन्हें एक ही कक्ष में साथ रहते कुछ माह बीत गए थे। ठाकुर ने उनके कामगंधहीन पवित्र स्वभाव का भी परिचय पा लिया था।

अब उनके अनुसार श्रीमाँ में देवीत्व जागरण का समय आ पहुँचा था। किसी भी दंपती के जीवन में कभी ऐसा शुभ प्रसंग नहीं आया, जैसा श्रीमाँ के जीवन में आया था।

जगदंबा के आदेश से ठाकुरजी के मन में एक अद्‍भुत इच्छा उत्पन्न हुई। उन्होंने निश्चित किया कि वे अपनी पत्नी का साक्षात् जगदंबा भाव से षोडशोपचार पूजन करेंगे। ऐसा प्रतीत होता है कि उन्हें किसी दैवी प्रेरणावश ही माँ का त्रिपुरसुंदरी के रूप में पूजन करने की प्रेरणा मिली होगी।

यद्यपि लौकिक दृष्टि से श्रीमाँ उस समय तक गाँव के वातावरण से आई एक युवती थी। ठाकुर उनका सत्य स्वरूप जान चुके थे। बाद में उन्हें कहते सुना गया था—'…रूप रहने से, कहीं अशुद्ध मन से देखने से लोगों का अकल्याण न हो, अतः इस बार रूप ढक कर आना हुआ है, वह शारदा है, संसार को ज्ञान देने आई है…'

श्रीफलहारिणी कालिका पूजा का दिन निकट था। ठाकुर ने उसी दिन त्रिपुरसुंदरी पूजन का दिन तय किया। यद्यपि इस बार यह पूजा मंदिर में

किसी समारोह व भक्तगणों के बीच नहीं, अपितु उनके कक्ष के एकांत में संपन्न होने वाली थी।

उस दिन काली मंदिर में विशेष पूजा थी। हृदय वहाँ व्यस्त था। अतः उन्होंने पुजारी के साथ मिलकर इस पूजा की तैयारी की।

श्रीमाँ को भी पूजा के विषय में बताकर कमरे में यथासमय जाने को कह दिया था। पूजा की सामग्री सजा दी गई, किंतु उस दिन वहाँ आराध्य देवी की कोई मूर्ति नहीं थी। उसके स्थान पर केवल एक चित्रित पीठासन पड़ा था।

जब पूजा आरंभ हुई तो कमरे में श्रीमाँ व ठाकुर के सिवा कोई दूसरा न था। बाद में माँ ने स्वयं महिला-भक्तों को उस पूजा का वृत्तांत सुनाया था।

ठाकुर ने मंत्रोच्चारण द्वारा पूजन सामग्री को शुद्ध करने के पश्चात् माँ को आसन पर बैठने का संकेत किया। जब वे पूर्वाभिमुख हो बैठ गईं तो उन पर भी जल के छींटे देने के पश्चात् मंत्रोच्चार किया।

'हे त्रिपुरसुंदरी माँ! सिद्धि द्वार खोलो। इनका मन व शरीर पवित्र कर, इनमें आविर्भूत हो तथा सब का कल्याण करो।'

फिर उन्होंने श्रीमाँ के अंगों में यथाविधि मंत्र-भास किया व उनका पूर्ण षोडशोपचार से पूजन किया। इस प्रक्रिया में माँ गहन समाधि में लीन होने लगीं।

ठाकुर ने स्वयं उनको महावर रचाया। गाल पर सिंदूर लगाया, वस्त्र पहनाए, पान-मिष्टान्न खिलाए। यह सब पूर्ण होते ही माँ की समाधि लग गई और रामकृष्ण भी समाधिमग्न हो गए। मानो देवी व उनका पुजारी एकरूप हो गए हों।

रात के दूसरे पहर बाद कहीं श्रीरामकृष्ण की समाधि उतरी। फिर उन्होंने देवी को आत्मनिवेदन किया। अपनी जपमाला व साधनाओं का फल आदि सब कुछ माँ के चरणों में अर्पित कर प्रार्थना की।

'हे सर्वमंगलमांगल्ये! हे त्रिनयनी! हे शरणदायिनी! हे गौरी! हे नारायणी! मैं तुम्हें बारंबार प्रणाम करता हूँ।'

इस पूजन से ठाकुर ने अपनी अलौकिक साधनाओं को चरम समाप्ति दी। माँ को सुध आई तो वे जगत् जननी के रूप में विकसित हुईं। वे मन-ही-मन पति को प्रणाम कर नौबतखाने में लौट गईं।

अगले दिन माँ ने ठाकुर से पूछा कि वे पूजा में प्राप्त चूड़ियाँ व साड़ी इत्यादि किसे दें, क्योंकि उनके गुरु की तो कोई पत्नी नहीं है। तब वे बोले— 'तुम इन्हें अपनी माँ को दे देना। बस यही मानकर देना कि तुम जगदंबा को अर्पित कर रही हो।'

उस दिन श्रीमाँ ने भाव जगत् में पति की समस्त साधनाओं का फल पाया तथा सिद्धियों की अधिकारिणी हो गईं। षोडशी पूजन के बाद भी उनकी व्यावहारिक दिनचर्या व कठोर परिश्रम में कोई अंतर नहीं आया। वे पहले की तरह वृद्धा सासू माँ व पति की सेवा में मग्न रहने लगीं। उस पूजन के बाद भी कुछ माह तक वे पति के कक्ष में सोती रहीं, किंतु जब ठाकुर ने जाना कि वे उनकी भावदशा के कारण सारी रात जाग कर बिता देती हैं, ठीक से सो नहीं पातीं तो उन्होंने ही पत्नी से कहा कि नौबतखाने में सोया करें, ताकि रात को उन्हें पूरी नींद मिल सके। पति की आज्ञा शिरोधार्य करने वाली श्रीमाँ उसी दिन से नौबतखाने में सोने लगीं।

कैसा निर्विकार भाव था। न पति के कक्ष में सोने की आज्ञा से प्रसन्नता और न ही नौबतखाने में सोने की आज्ञा से विरक्ति। रामकृष्ण यही तो चाहते थे।

□

जीवन चक्र

षोडशी पूजा के पश्चात् श्रीरामकृष्ण का अलौकिक साधना यज्ञ पूर्ण हुआ। नाना प्रकार की सिद्धियाँ करने के बाद भी उनके मन में षोडशी पूजा की जो इच्छा रह गई थी। उसको भी पूर्णता मिल गई और वे परमतृप्त हुए।

गाँव के खुले व शुद्ध वातावरण की अभ्यस्त श्रीमाँ नौबतखाने के तंग स्थल में रहने के कारण अपना स्वास्थ्य गँवा बैठीं। लज्जाशीला माँ को पूरा-पूरा दिन उसी तंग स्थान में रहना पड़ता था। वे किसी के भी सामने आने से सकुचाती थीं। कौन जानता था कि जिस श्रीमाँ को सिर्फ रामकृष्णजी की पत्नी के रूप में जाना जाता है। वे ही एक दिन रामकृष्णजी के शिष्यवृंद की माँ होंगी। उनकी आदरणीया व पूजनीया होंगीं।

पति की इच्छा से वे स्वास्थ्य लाभ के लिए कामारपुकुर होते हुए जयरामवाटी चली गईं। फिर वे दक्षिणेश्वर लौट आईं। कुछ समय उपरांत ठाकुर के मंझले भाई चल बसे। फिर कुछ माह में श्रीमाँ के पिता के देहावसान का समाचार आया। उस निर्धन परिवार ने अपना एकमात्र कर्णधार खो दिया। माँ श्यामासुंदरी पर पूरे परिवार का भार आ पड़ा। संतानों का पालन-पोषण उन्हें ही करना था। कोई दूसरा सहारा न था। माँ ने उन्हें सांत्वना दी।

इधर ठाकुरजी की सेवा के लिए श्रीमाँ पुनः दक्षिणेश्वर लौट आईं। यहाँ आते ही उनका पेचिश का रोग फिर से उभर आया। कभी चिकित्सा

से आराम आ जाता तो कभी वही हालत हो जाती।

अंततः रामकृष्णजी ने उन्हें जयरामवाटी ही भेज दिया ताकि वे वहाँ रोगमुक्त हो सकें, किंतु वहाँ जाने पर तो श्रीमाँ का रोग पूरी तीव्रता से सामने आ गया। उनकी दुर्बलता बढ़ती जा रही थी। उधर उनकी माँ चाहकर भी इतने बड़े परिवार का भरण-पोषण नहीं कर पा रही थीं। बच्चों की शिक्षा तो दूर रही, पेट भरना भी कठिन था। अतः उन्होंने पुत्रों को दूसरे गाँवों में संबंधियों के पास भेज दिया।

माँ की रोगावस्था को देख छोटे भाई ने सिंहवाहिनी देवी के सामने धरना देने को कहा। हमारे यहाँ प्रायः अपनी मन्नत पूरी करवाने अथवा रोगमुक्ति के लिए देवालय के बाहर धरना देने की परंपरा प्रचलित है।

श्रीमाँ भी धरना देने पहुँच गईं। वहाँ उनके साथ कुछ अलौकिक घटनाएँ घटीं, जिन्हें हम चमत्कार भी कह सकते हैं। उस मंदिर के समीप ही श्रीमाँ की धर्ममाता का घर था। उस रात पेचिश के दौरे के कारण अर्धमृत श्रीमाँ मंदिर के मंडप में पड़ी थीं। उनकी धर्ममाता के पास जाने कहाँ से एक लड़की आई व एक दवा देकर बोली—'उसे भला यूँ ही क्यों छोड़ दिया। ये दवा उसे दे देना ठीक हो जाएगी।' इधर उन्हें आदेश हुआ कि वे लौकी के फूल के साथ नमक मिलाकर उसका रस आँखों में बूंद-बूंद डालें ताकि आँखें ठीक हो जाएँ।

संभवतः माँ सिंहवाहिनी ही कन्या रूप में आई थीं। श्रीमाँ ने वही दवा ली और शरीर के रोग में सुधार होने लगा। आँखें भी ठीक हो गईं। धीरे-धीरे अन्य ग्रामीण भी सिंहवाहिनी देवी के द्वार पर धरना देने जाने लगे। श्रीमाँ की करुण प्रार्थना ने सिंहवाहिनी को जगत् के कल्याण हेतु जाग्रत कर दिया था।

कालांतर में उस मंदिर से रोगमुक्ति की मान्यता फैलने लगी तथा मंदिर तीर्थ हो गया। माँ स्वयं उस मंदिर की थोड़ी सी मिट्टी को देवी का प्रसाद मानकर प्रतिदिन ग्रहण करती थीं।

श्रीमाँ अपनी माँ श्यामासुंदरी की पीड़ा समझती थीं। पति वियोग के पश्चात् पारिवारिक कर्तव्यों का उत्तरदायित्व और वह भी घोर निर्धनता के साये में।

श्रीमाँ पर दुःखों की छाया काफी घनी थी। इधर पेचिश से बचीं तो मलेरिया की चपेट में आ गईं। कुछ ही दिन बाद दक्षिणेश्वर से हृदय-विदारक समाचार आया। उनकी सासू माँ चंद्रमणि देवी नहीं रही थीं। इधर माँ जयरामवाटी में रोग शैय्या पर थीं सासू माँ के अंतिम दर्शन की बलवती इच्छा होने पर भी वे दक्षिणेश्वर न जा सकीं।

उस समय में समुचित चिकित्सा सुविधाओं का अभाव था। फिर गाँव-देहात के तो कहने ही क्या! मलेरिया रोगियों को तिल्ली बढ़ जाने के कारण इलाज के लिए दगाना पड़ता था।

यह एक यंत्रणादायक प्रक्रिया थी। रोगी के पेट के ऊपरी हिस्से को बेर की जलती लकड़ी से दागा जाता था। श्रीमाँ ने बहुत सहनशीलता से यह यंत्रणा सह ली। कारण चाहे जो भी रहा हो, उनका रोग बाद में ठीक हो गया।

श्रीमाँ के समाचार दक्षिणेश्वर पहुँचते तो श्री रामकृष्ण सब सुन लेते। एक दिन बोले—'भला क्या वह सिर्फ आने-जाने के लिए आई है, मनुष्य जन्म के योग्य कुछ भी न कर सकेगी?'

श्रीमाँ के पति की आर्थिक स्थिति इतनी बुरी भी न थी। यदि वे चाहतीं तो चिकित्सा के लिए, अपने सांसारिक सुखों के भोग के लिए, मायके की आवश्यकताओं की पूर्ति के लिए पति से धन माँग सकती थीं। यह उनका अधिकार भी था किंतु उन्होंने ऐसा कभी नहीं किया। वे जानती थीं कि अध्यात्म पथ के पथिक को इस सांसारिक वासनाओं व कष्टों के गर्त में ढकेलना, किसी पाप से कम न होगा।

कुछ दिन पश्चात् माँ श्यामासुंदरी को स्वप्न में माँ जगद्धात्री के दर्शन हुए। ग्राम-मुखिया ने उनसे काली पूजा के लिए रखा गया चावल लेने से इनकार कर दिया था। अतः वे यह सोच-सोचकर व्यथित थीं कि माँ काली

के नाम निकाले गए चावल का क्या होगा? उसे तो कोई दूसरा भी नहीं खा सकता।

स्वप्न में उस देवी ने श्यामासुंदरी को आश्वस्त किया—'चिंता मत करो, मैं जगद्धात्री के रूप में तुम्हारा चावल ग्रहण करूँगी।'

माँ श्यामासुंदरी की निर्धन कुटिया में मानो बहार आ गई। देखते ही देखते पूजन का सारा आयोजन पूर्ण हो गया। माँ की कृपा तो देखो, जिस परिवार में अन्न के भी लाले थे, उसमें देवी की पूजा का सामर्थ्य आ गया था।

रामकृष्णजी ने दक्षिणेश्वर से ही शुभकामनाएँ भेजीं। यथाविधि पूजन संपन्न हुआ। कहते हैं कि अगले वर्ष श्यामा ने फिर से पूजन करना चाहा तो श्रीमाँ ने अनिच्छा प्रकट की। उसी रात उन्हें स्वप्न में, माँ ने अपनी दो सखियों—जया-विजया के साथ दर्शन दिए। उन्होंने पूछा कि क्या वे लौट जाएँ। श्रीमाँ ने झट से मना कर दिया व उन्हें वहीं बसने को कहा। तब से प्रतिवर्ष जयरामवाटी में वह पूजा होने लगी। श्रीमाँ स्वयं पूजा आयोजन का कार्य-भार सँभालने पहुँच जातीं।

बाद में, माँ ने उस पूजा को जारी रखने के लिए करीब साढ़े तीन एकड़ कृषि भूमि देवोत्तर कर दी। कहते हैं कि आज भी जयरामवाटी के उस मंदिर में प्रतिवर्ष पूजन होता है। ग्रामवासियों का तो यहाँ तक मानना है कि माँ जगद्धात्री ही श्रीमाँ के रूप में अवतीर्ण हुई थीं।

□

हृदय की अवज्ञा

इस बार माँ दक्षिणेश्वर लौटीं तो उन्हें नौबतखाने में नहीं रहना पड़ा। ठाकुर के एक भक्त ने मंदिर के उत्तर में उनके लिए थोड़ा स्थान खरीद दिया था। गृहनिर्माण की सामग्री भी शुभचिंतकों ने भिजवा दी। माँ हृदय की पत्नी के साथ वहीं रहने लगीं। वे वहीं से पति के भोजन का प्रबंध करतीं व दिन में उन्हें खिला आतीं। रात को प्राय: रामकृष्ण हलका-फुलका प्रसाद ले लेते थे। अत: उस समय भोजन नहीं बनाना पड़ता था।

कभी-कभी वे स्वयं उस घर में आ जाते। कुछ समय वहाँ बिता कर लौट आते। एक दिन वे वहाँ भोजन करने गए तो वर्षा के कारण लौट नहीं सके, अत: उन्हें वहीं विश्राम करना पड़ा। निश्चित रूप से उनके साहचर्य के ऐसे सुखद पल श्रीमाँ को कम ही मिल पाते थे।

कुछ दिन बाद ही ठाकुर रोगग्रस्त हो गए। हृदय सही प्रकार से उनकी सेवा नहीं कर पा रहा था। श्रीमाँ पति की सेवा-टहल के लिए फिर से नौबतखाने में आ गईं। अपनी सुख-सुविधाएँ तो मानो उनके लिए कोई मायने ही नहीं रखती थीं।

हृदय का व्यवहार काफी विचित्र होता जा रहा था। दरअसल वह श्रीमाँ को मामा की पत्नी से अधिक कुछ नहीं मानता था। वह प्राय: उनकी बात काट देता। उसे घमंड हो गया था कि वह ठाकुर का सर्वेसर्वा है। उसकी सेवा के बिना तो एक दिन भी गुजारा नहीं हो सकता।

रामकृष्ण उसके व्यवहार की इस रूक्षता को भाँप गए थे, अत: उन्होंने

उसे कहा—'अरे हृदय! तुम इस (उनके अपने शरीर) की तो अवज्ञा कर देते हो, किंतु उससे कोई अवज्ञापूर्ण बात कभी मत कहना। इसके भीतर से जो है, उसकी फुफकार से तो तुम्हारी रक्षा हो भी जाएगी, लेकिन उसके भीतर जो है, उसकी फुफकार से तो ब्रह्मा, विष्णु व महेश भी तुम्हारी रक्षा न कर पाएँगे।'

हृदय अपने ही नशे में चूर था। उसने ठाकुर की बातों को अनसुना कर दिया व श्रीमाँ के प्रति रूखा बरताव करता रहा।

कुछ दिन पश्चात् माँ को जयरामवाटी जाना पड़ा। उन्हें कोई मनौती उतारनी थी। वहाँ से वे लौटीं तो मायके के कुछ परिजन भी साथ थे। वे लोग घाट पर उतरे तो हृदय ने स्वागत करने के स्थान पर तिरस्कार करते हुए कहा—'ये लोग यहाँ क्यों आए हैं? किसलिए? इनका यहाँ क्या काम?'

माँ श्यामा ने एक भी प्रश्न का उत्तर नहीं दिया हालाँकि हृदय उन्हीं के गाँव का था, किंतु उसने तो यह मान भी नहीं रखा। माँ ने कहा—'चलो, अभी लौट चलें।'

ठाकुर जान भी नहीं पाए कि श्रीमाँ लौटी हैं और हृदय के तिरस्कारवश लौट रही हैं। पति-दर्शनों के लिए व्याकुल श्रीमाँ ने व्यथित हृदय से विदाई ली व मन ही मन माँ काली को हाथ जोड़कर बोलीं—'माँ! यदि किसी दिन बुलाओगी तभी आऊँगी।'

यह वही हृदय था, जिसने एक दिन बालिका मामी के चरणों पर कमल अर्पित किए थे। आज जाने क्यों वह उनकी ऐसी अवज्ञा कर बैठा।

कहते हैं कि कुछ ही समय में उसे भी किसी भूलवश नौकरी से अलग होना पड़ा। शिव और शक्ति के मेल को भी भला कोई रोक सकता था।

हृदय के जाने के बाद ठाकुर की सेवा करने वाला कोई न रहा। मंदिर के नए पुजारी को अपना पद दायित्व सँभालने से फुरसत नहीं थी। माँ काली का प्रसाद पड़े-पड़े खराब हो जाता, परंतु रामकृष्णजी तक नहीं पहुँचता।

उन्होंने श्रीमाँ को खबर भिजवाई कि वे पालकी या डोली करके दक्षिणेश्वर आ जाएँ। उनके बिना ठाकुर की सुध लेने वाला कोई नहीं है।

श्रीमाँ समाचार पाते ही तुरंत दौड़ी चली आईं। निरभिमानी श्रीमाँ को पिछली घटना का कोई क्षोभ न था। वे आते ही कर्तव्य-पालन में तत्पर हो गईं।

ठाकुर भी जानते थे कि श्रीमाँ के सिवा वे अपना भार किसी दूसरे को सौंप ही नहीं सकते, क्योंकि किसी में भी इतना सामर्थ्य नहीं था कि उनका भार सँभाल पाता।

ठाकुर का स्वास्थ्य काफी बिगड़ गया था, अत: वे डॉक्टर की सलाह से वर्षा ऋतु के चार माह गाँव में ही बिताते। गाँव की ताजी आबोहवा उनकी रोगक्लांत देह को हरा-भरा कर देती और गाँव की कन्या श्रीमाँ भी अपने चिर-परिचित परिवेश में जाकर आनंदमग्न हो जातीं। संभवत: पति के साथ वह प्रवास ही उनका दीक्षा काल रहा होगा। रामकृष्णजी खूब दिल्लगी करते, इतना हँसाते कि पेट दर्द होने लगता। कभी किसी विषय पर चर्चा होती तो कभी किसी बात पर! ज्ञान के अथाह भंडार के सम्मुख बैठीं श्रीमाँ उनके शब्दों को घूँट-घूँट पीतीं व तृप्त हो जातीं।

□

दस्यु पिता

श्रीमाँ प्राय: पारिवारिक समारोहों व नाते-रिश्तेदारों के सुख-दुख में शामिल होने के लिए ससुराल व मायके के गाँव जातीं। वे वहाँ से दक्षिणेश्वर के लिए पैदल ही आती थीं। एक बार किसी पर्व के अवसर पर कुछ स्त्रियाँ गंगास्नान के लिए कलकत्ता जा रही थीं।

श्रीमाँ ने सोचा कि वे भी उनके साथ चलेंगी तथा दक्षिणेश्वर रुक जाएँगी। राह में तेलो-भेलो का मैदान पड़ता था। वह इलाका अपने कुख्यात दस्यू के लिए जाना जाता था। वहाँ के हत्यारे डाकू दिन-दहाड़े लूटते थे। यात्रीगण दल बनाकर ही वहाँ से निकलते। कोशिश यही होती कि वहाँ रात न बितानी पड़े।

श्रीमाँ का दल मैदान के पास पहुँचा तो अभी दोपहर थी। स्त्रियों को लगा कि यदि वे तेजी से कदम बढ़ाएँ तो उस इलाके को साँझ ढलने से पहले पार कर लेंगी। श्रीमाँ कुछ समय तक तो तेज चाल से चलीं, लेकिन लंबे सफर की थकान के कारण उनकी चाल धीमी पड़ने लगी। पहले-पहल तो स्त्रियों ने उनकी प्रतीक्षा की, किंतु सबको अपने प्राणों का भय था। अत: वे आगे निकल गईं।

कुछ ही समय में दिन ढल गया। घने वृक्षों के बीच अकेली जाती श्रीमाँ को एक व्यक्ति अपनी ओर आता दिखाई दिया। उसकी चाल-ढाल ही बता रही थी कि वह कोई डाकू है। उसने कड़क कर पूछा—'कौन है? कहाँ जा रही है?'

श्रीमाँ वहीं ठिठक गईं। इससे पहले कि वह व्यक्ति कुछ पूछ पाता। श्रीमाँ की नजरों से नजरें मिलीं, ईश्वर जाने उस पर क्या असर हुआ कि उसके स्वभाव की कड़वाहट जाती रही। आश्वस्त करते हुए बोला—'मेरे साथ मेरी बीवी भी थी। वह पिछड़ गई है, उसी का रास्ता देख रहा हूँ।'

श्रीमाँ ने निर्भीक स्वर में कहा—'बाबा! साथी आगे निकल गए हैं। मैं राह भटक गई हूँ। आपके दामाद, दक्षिणेश्वर की रानी रासमणि के कालीमंदिर में रहते हैं। मुझे वहाँ पहुँचा दें। वे आपका भी यथायोग्य सत्कार करेंगे।'

तभी उस व्यक्ति की स्त्री आ पहुँची। माँ ने बड़े ही अपनत्व से उसका हाथ थामकर कहा—'अच्छा हुआ माँ, बाबा मिल गए, अन्यथा इस घनघोर वन में तो राह तक नहीं सूझती।'

निःसंदेह वह जोड़ा दस्युदंपती था, किंतु श्रीमाँ का ऐसा स्नेह तथा विश्वास उन्हें विगलित कर गया। पास ही एक छोटी सी दुकान थी। दस्यु माँ ने शारदामणि के लिए सोने की जगह बनाई। स्वयं दस्यु पिता रातभर जागकर पहरेदारी करता रहा। सुबह वे श्रीमाँ के साथ तारकेश्वर के लिए रवाना हुए।

वे उनसे इस तरह बातें कर रहे थे मानो कोई सगे ही हों। श्रीमाँ के स्नेह ने दस्यु को भी दस्युवृत्ति भुला दी थी। तारकेश्वर पहुँचे तो उस दस्यु की पत्नी बोली—'जल्दी से पूजा करके बाजार से कुछ खाने को लाइए। बिटिया भूखी होगी।'

तभी राह के बिछुड़े साथी श्रीमाँ से आ मिले। वे तारकेश्वर में उनकी प्रतीक्षा कर रहे थे। श्रीमाँ ने सगर्व अपने दस्यु माता-पिता का सबसे परिचय कराया। नीची जाति के उन दस्युओं को संभवतः जीवन में पहली बार किसी का निश्छल स्नेह प्राप्त हुआ था। इतना मान, इतना प्यार पाकर वे निहाल हो उठे।

उस दिन वे दस्यु कहाँ रहे। वे तो श्रीमाँ के परिवार का ही हिस्सा बन गए थे। सभी ने स्नेह से एक साथ भोजन किया तथा गंतव्य की ओर

रवाना हुए।

एक ही रात के उस साथ ने उन तीनों को परम स्नेह की डोर में बाँध दिया था। जब विदा लेने का समय आया तो तीनों की आँखें नम थीं। एक दिन की भेंट में ही श्रीमाँ के आचरण तथा व्यवहार ने उन्हें मोह लिया था। वे बोलीं—'माँ-बाबा! आप वचन दें कि दक्षिणेश्वर में अपने बेटी-दामाद से मिलने आएँगे।' दस्यु दंपती ने हामी भरी तो श्रीमाँ ने उन्हें जाने दिया। अपरिचितों को भी हृदय से अपना बना लेना तो मानो उनके स्वभाव का ही अंग बन गया था। राह में साथ चलती स्त्रियों व गाँववालों ने चाहे जो भी कहा या समझा हो, माँ ने वही किया, जो उनके दिल ने कहा।

प्रसंग यहीं समाप्त हो जाता तो ठीक था, लेकिन आश्चर्य तो यह जानकर होता है कि उस दस्यु दंपती ने भी बिटिया को दिया वचन निभाया। एक दिन वे नाना उपहारों सहित दक्षिणेश्वर जा पहुँचे। रामकृष्णजी ने उनका वैसा ही स्वागत किया, जैसे कोई दामाद अपने सास-ससुर का करता है।

उसके बाद भी वे प्राय: दक्षिणेश्वर आते रहे। कहना न होगा कि उनका स्वभाव वृत्ति तथा पेशा बदल गए थे।

□

श्रीमाँ का वनवास

जब श्रीमाँ ने दक्षिणेश्वर में शंभुबाबू का घर छोड़ा तो वे नौबतखाने में ही रहने लगीं। कभी-कभी वे अकेली रहतीं तो कभी महिला भक्तों का साथ जुट जाता। उस छोटे से स्थान में गृहस्थी के सारे साजो-सामान के बीच, पति सेवा का आयोजन कैसी एकाकी तपस्या थी।

ठाकुर पेट के रोगी थे। उनका भोजन माँ ही पकातीं। कलकत्ते की स्त्रियाँ माँ से मिलने जातीं तो उन्हें वहाँ काम करते देख स्नेह से कहतीं—'कैसी कोठरी में हमारी श्रीमाँ रहती हैं, मानो वनवास हो।'

माँ नौबतखाने की निचली कोठरी में सीढ़ियों के नीचे खाना पकाती थीं। सुबह जल्दी उठकर शौच व स्नान से निवृत्त होकर जप व ध्यान करतीं।

फिर रसोई बनने के बाद ठाकुर की तेलमालिश कर देतीं। वे स्नान करने जाते तो माँ झट से पान तैयार कर लेतीं। जब ठाकुर भोजन करते तो वे उनसे नाना प्रकार की बातें करते-करते पंखा करतीं। ऐसा करना जरूरी भी था, क्योंकि ठाकुर कभी भी भावसमाधि में लीन हो जाते थे और फिर उनका भोजन नहीं हो पाता था।

बाकी का दिन भी इसी प्रकार भोजन बनाने, ध्यान-जप करने व गृहस्थी सँभालने में बीत जाता। यद्यपि उन्होंने कभी भी अपनी असुविधाओं का उल्लेख नहीं किया, किंतु बाद में वे प्राय: महिला भक्तों को अपनी दिनचर्या सुनातीं व कहतीं, 'मुझे ठाकुर की सेवा में किसी भी तरह के कष्ट का पता ही नहीं चलता था। आनंद से झटपट दिन निकल जाते थे।'

ठाकुर को चिंता थी कि गाँव की भोली-भाली शारदा कहीं शहरी परिवेश में मखौल का कारण न बन जाए किंतु श्रीमाँ ने कभी भी ऐसा प्रसंग उपस्थित नहीं होने दिया। वे विशेष सावधानी से सारा काम करतीं। केवल गिने-चुने लोगों के अलावा किसी ने उनकी छाया तक नहीं देखी थी।

लोग केवल इतना ही जानते थे कि ठाकुर की पत्नी यहाँ रहती हैं। उन्हें किसी ने देखा नहीं था।

वहाँ माँ को केवल स्नान तथा शौच की समस्या थी। वे मुँह अंधेरे शौच से निवृत्त हो आतीं, किंतु दिन में कहीं बाहर जाने का उपाय नहीं था।

काम इतना था कि उन्हें दम लेने की फुरसत नहीं मिलती थी। स्नेही स्वभाव की श्रीमाँ अपनी भक्त संतानों की पसंद-नापसंद का पूरा ध्यान रखतीं। ठाकुर का आदेश मिलने से पहले ही आगंतुक भक्त के भोजन की व्यवस्था आरंभ हो जाती।

बाद में श्रीमाँ की सहायता के लिए पुरुष व महिला भक्त भी आने लगे थे। ठाकुर स्वयं उन्हें माँ के पास भेजते थे, किंतु वे प्रारंभिक दिन काफी असुविधा व कष्टों से भरे थे। श्रीमाँ के लिए यही एक संबल पर्याप्त था कि वे अपने पति की यथायोग्य सेवा कर पा रही हैं।

□

ठाकुर सेवा

श्री माँ किस प्रकार ठाकुर की सेवा में तल्लीन रहती थीं। इसका थोड़ा परिचय तो आप पा ही चुके हैं। यदि यहाँ दो-चार घटनाएँ और जानेंगे तो माँ का वह सेवा भाव जानकर मन गद्‌गद हो उठेगा।

श्रीमाँ के हाथों से पका भोजन मानो ठाकुर के लिए अमृत तुल्य था। जिन दिनों शरीर रोगी हो गया था। तब काली की प्रसादी का भोजन पचता नहीं था। ऐसे में माँ के हाथों का पथ्य ही उन्हें रुचता था।

माँ की सावधानी के कारण रामकृष्ण के खान-पान में कभी कोई त्रुटि नहीं होती थी। एक बार वे बीमार पड़े तो ऐसी दवा दी गई, जिसमें जल पीना बिल्कुल मना था। स्वयं उन्हें यकीन नहीं था कि वे जल के बिना नहीं रह पाएँगे, किंतु माँ ने ऐसी व्यवस्था की कि वे जल के बिना ही औषधि-पान करने लगे।

पत्नी व माँ को, पति व संतान को खिलाने के लिए नाना प्रपंच रचने पड़ते हैं, झूठ भी बोलना पड़ता है, किंतु उसे हम झूठ नहीं कह सकते। एक पत्नी पति का हित चाहते हुए यदि कोई बहाना करती भी है तो इससे उसका सहज अनुराग ही झलकता है।

ठाकुर मनमौजी थे। उनका पूरा उत्तरदायित्व माँ पर ही था। थाली में भात परोसा जाने लगता तो वे बहुत-है, बहुत-है की गुहार मचा देते। माँ उनकी थाली में भात परोसते समय भात को हाथ से दबा देतीं ताकि वह देखने में ज्यादा न लगे। माँ अन्नपूर्णा की यह चेष्टा कितनी रसमयी है।

ठाकुर रोग से काफी दुबला गए थे। माँ काफी सारे दूध को औटा कर उसकी मात्रा घटा देती व उन्हें पीने को देतीं। जब वे पूछते तो दूध की काफी कम मात्रा बतातीं व उन्हें दूसरी बातों में उलझा देतीं। एक बार उन्होंने सखी गोलाप माँ से कहा था—''खिलाने के लिए झूठ बोलने में कोई दोष नहीं होता। मैं तो उन्हें इसी प्रकार भुलावा देकर भोजन कराती हूँ।''

जब वे लोग काशीपुर वाले मकान में रहने लगे तो एक दिन माँ काठ के जीने पर चढ़ते समय फिसल गईं। हाथ में दूध का बड़ा कटोरा था। दूध तो गिरा ही, एड़ी की हड्डी भी खिसक गई।

उस समय ठाकुर पूरी तरह से माँ की सेवा पर निर्भर थे। वही उनके प्रत्येक पथ्य का ध्यान रख रही थीं। दो-एक दिन तो गोलाप माँ ने सेवा की, किंतु चौथे ही दिन माँ दर्द के बावजूद अपना कर्तव्य भार सँभालने आ पहुँचीं।

श्यामपुकुर वाले मकान में माँ सुबह तीन बजे उठकर स्नान कर लेतीं। अपने ही कमरे में पति का पथ्य तैयार करतीं व किसी के हाथ संदेश भेज देतीं। भक्त वहाँ से हट जाते तो वे ठाकुर को भोजन करवा आतीं। यदि भीड़ अधिक होती तो कोई भक्त उनसे थाली लगवाकर ले जाता। वे वहाँ तीन मास रहीं पर इस दौरान एक-दो भक्तों के सिवा किसी ने उन्हें देखा तक नहीं था। ऐसी थी, माँ की साधना।

□

जप व ध्यान

माँ की दिनचर्या सांसारिक कार्यों से बँधी थी। सुबह से लेकर रात तक सभी कार्य करने पड़ते, किंतु इस सबके बीच भी वे जप व ध्यान के लिए समय निकालना न भूलतीं।

एक दिन उन्हें सुबह उठने में कुछ देर हो गई तो जप पर बैठते-बैठते समय लग गया। उसके दो-तीन दिन बाद भी आलस्यवश ऐसा हुआ तो माँ एकदम सतर्क हो गईं व मन ही मन दृढ़ संकल्प लिया कि चाहे जो हो, ध्यान व साधना के कार्य में व्यवधान नहीं आने देंगी।

एक दिन बातों ही बातों में उन्होंने अपनी भतीजी नलिनी से कहा था कि वे नाना कार्यों के बीच भी एक लाख जप कर लेती थीं।

ध्यान व भजन उन्हें अंतर्मुखी बना रहा था। मानस चक्षु खुलते जा रहे थे। ध्यान व भजन का स्वाद तो मानो गूँगे का गुड़ होता है। जो खाता है, वही उसका स्वाद पा सकता है। माँ प्रायः उन दिनों को याद करती हैं, जब ठाकुर उन्हें उठाने के लिए पुकारते थे। माँ तो उठ जातीं, किंतु लक्ष्मी को भी जल्दी उठना पड़ता। कभी-कभी तो रात को चंद्रमा की रोशनी में ऐसे ध्यान लगता कि माँ निहाल हो जातीं।

श्रीमाँ के पास किसी रोग शांति का मंत्र भी था। ठाकुर के कहने पर उन्होंने उसे इष्टदेव के चरणों में समर्पित कर दिया।

उन्होंने व लक्ष्मी दीदी ने शक्तिमंत्र की दीक्षा ली थी, किंतु बाद में एक दिन ठाकुर ने भावावेश में आकर उनकी जिह्वा पर बीजमंत्र लिखा था।

योगीन माँ, श्रीमाँ की भावसमाधि की साक्षी थीं। एक रात वे माँ के साथ सो रही थीं। उन्होंने देखा कि माँ रो रही हैं। फिर वे हँसने लगीं और गहरी समाधि में लीन हो गईं। इस प्रकार वे प्राय: समाधि में लीन हो जाया करती थीं।

ठाकुर ने भी माँ के मातृभाव को विस्तृत करने के साथ-साथ मंत्र दीक्षा देने का भार भी सौंपा।

योगीन माँ ने भी अचानक माँ के दिव्य भाव का स्पर्श पाया था। वे दक्षिणेश्वर से बेलपत्र ले जाकर पूजा करती थीं। एक दिन माँ ने पूछा—

'योगीन! तुम सूखे बेलपत्रों से पूजा करती हो।'

'आपने कैसे जाना?'

'आज सुबह ध्यान से मैंने देखा कि तुम सूखे' माँ ने अपना कथन वहीं रोक दिया।

योगीन आश्चर्यचकित हो उठी। माँ ने लज्जावश योगीन को गले से लगा लिया। योगीन ने माँ की चरण धूलि ली और माँ के उस रूप का परिचय पा मन-ही-मन मुदित हो उठीं।

□

ठाकुर का स्नेह

माँ की ओर ठाकुर का ध्यान न हो, ऐसा कदापि नहीं था। नौबतखाने के पिंजरे में दिन-रात सेवा करने वाली पत्नी को वे कभी नहीं भूलते थे। कभी-कभी लक्ष्मी भी श्रीमाँ के पास रहने चली जाती तो वे हँसी-हँसी में दोनों से कहते 'पिंजरे के तोता-मैना।'

माँ स्वयं को नाना कार्यों में उलझाए रखतीं पर उनकी संपूर्ण चेतना व ध्यान ठाकुर की ओर ही लगा रहता। जब ठाकुर के कमरे में काली माँ का प्रसाद पहुँचता तो वे रामलाल दादा से कहते—'पिंजरे के तोता-मैना हैं, कुछ खाने को वहाँ भी दे आ?'

आम व्यक्ति यही समझते कि उन्होंने कोई पक्षी पाल रखे हैं, किंतु रामलाल दादा तो अच्छी तरह जानते थे कि ठाकुर ने तोता-मैना का संबोधन किसके लिए किया था।

ठाकुर जानते थे कि माँ को उनका भजन-कीर्तन भाता था। उन्होंने उनके कमरे में लगे परदे का छेद बड़ा करवा दिया था ताकि माँ को भी कीर्तन तथा भाव आदि का रसास्वादन मिल सके। जाने कहाँ-कहाँ के भक्त आकर कृपा प्रसाद पाते तो ऐसे में, माँ कैसे वंचित रह जातीं।

श्रीमाँ के पैर में गठिया हो गया था। ठाकुर जानते थे कि इतनी तंग जगह में रहने के कारण ही रोग उभरा है, अतः वे माँ को पास-पड़ोस में जाने का निर्देश देते। दोपहर को जब वहाँ कोई न रहता तो वे स्वयं माँ को बुलाकर पड़ोस के घर जाने को कहते। माँ वहाँ कुछ समय बिताकर

फिर से अपने पिंजरे में लौट आतीं।

उन्होंने माँ को सिखाया था कि काम करना चाहिए। स्त्रियों को कभी खाली नहीं बैठना चाहिए। खाली बैठने से अनेक चिंताएँ घेर लेती हैं। माँ के लिए ठाकुर का प्रत्येक शब्द मानो 'ब्रह्मवाक्य' था। अपने जीवन के अंतिम दिनों तक भी वे हमेशा किसी-न-किसी काम में लगी रहती थीं। खाली बैठना तो उन्होंने सीखा ही नहीं था।

जैसी परिस्थिति हो, उसी के अनुसार आचरण करने की शिक्षा भी उन्होंने पति से ही पाई थी। इस दंपती ने संसार के सम्मुख ईश्वरीय प्रेम का अनुकरणीय उदाहरण प्रस्तुत किया। एक महिला भक्त ने कहा था—'पचास हाथ की दूरी पर रहने के बाद भी दो-दो महीने तक मिल नहीं पाते थे, किंतु फिर भी कैसी अपूर्व प्रीति थी।'

एक बार ठाकुर को पता चला कि श्रीमाँ के सिर में दर्द हो रहा है। माँ की तबीयत सँभलने तक वे भी काफी बेचैन रहे और बार-बार अपने सेवक से पूछते रहे कि उसे सिरदर्द क्यों हुआ?

रामकृष्णजी ने मधुरभाव की साधना के समय जो आभूषण पहने थे। उन्होंने वे माँ को पहना दिए थे तथा उसके अतिरिक्त और भी गहने बनवा दिए। माँ लाल किनारे की साड़ी, घनी केशराशि व जड़ाऊ आभूषणों में सीता माता से कम नहीं दिखती थीं।

एक ओर पत्नी के जीवन को सौंदर्य प्रदान किया जा रहा था तो दूसरी ओर उन्हें उच्च आध्यात्मिक पद पर प्रतिष्ठित करने की तैयारी भी हो रही थी।

श्रीमाँ ने एक बार कुटुंब की एक महिला को यह घटना सुनाई थी। वे बोली—'मेरे पति ने मुझे कभी 'तू' तक कहकर नहीं पुकारा। वे मुझसे हमेशा मधुर व्यवहार रखते थे।'

किसी स्त्री के लिए इससे अधिक गर्व की बात और हो भी क्या सकती है कि पति स्नेह से उसे आदर-मान दे। हृदय को चोट पहुँचाने वाले शब्द न कहे।

एक बार माँ ने दक्षिणेश्वर में ठाकुर के लिए सूजी की खीर व बेसन का चीला तैयार किया। कमरे में कोई नहीं है। यह जानकर वे स्वयं ही थाली लेकर चली गईं। ठाकुर आँखें बंद किए लेटे थे। श्रीमाँ चुपके से थाली ढककर लौटने लगीं। वे उनकी सुखनिद्रा में बाधा नहीं देना चाहती थीं।

आहट से ठाकुर की निद्रा टूटी। उन्हें लगा कि लक्ष्मी ही कुछ रखने आई थी। वे बिना देखे बोले, 'किवाड़ लगाती जा', श्रीमाँ ने कहा—

'जी हाँ, किवाड़ लगा देती हूँ।'

माँ का स्वर सुनते ही ठाकुर चौंक गए व बोले—'ओह, तुम हो! मुझे लगा कि लक्ष्मी है। तुम बुरा मत मानना।'

माँ ने सहजभाव से कहा—'अरे! इसमें बुरा मानने की क्या बात है'

अगले दिन तक भी ठाकुर के मन का क्षोभ गया नहीं था। उन्होंने नौबतखाने के सामने जाकर माँ से कहा, 'कल यूँ ही तुम्हारे लिए मुँह से कड़े शब्द निकल गए।'

रामकृष्णजी समय पाते ही श्रीमाँ से भगवत्चर्चा किया करते। एक दिन कृष्णलीला सुनाने के बाद उन्होंने लक्ष्मी व माँ से कहा कि 'उन्होंने जो कुछ सुना, यदि आपस में उसकी चर्चा करेंगी तो उसे कभी नहीं भूलेंगी। सब याद रहेगा।'

एक दिन माँ ने सात लड़ वाली कलियों का गजरा बनाकर पानी में रख दिया। फूल खिल गए तो उसे मंदिर भिजवा दिया। माँ काली के आभूषण उतारकर जब वह माला पहनाई गई तो माँ की शोभा खिल उठी।

ठाकुर तो उस रूप को देखते ही भावविभोर हो गए। उन्होंने पूछा कि माला किसने बनाई। किसी ने श्रीमाँ का नाम लिया तो बोले—'उसे बुला तो लाओ। जरा वह भी तो माँ की शोभा देख ले।'

माँ सेविका के साथ मंदिर की तरफ आ रही थीं कि सामने से भक्तगण आते दिखे तो वे झट से मंदिर की पिछली सीढ़ियों की ओर बढ़ी। यह देख ठाकुर जोर से चिल्लाए—'नहीं, नहीं। वहाँ से मत आना। वहाँ बड़ी फिसलन

है। कल एक मल्लाहिन बुरी तरह से गिरी थी। तुम अगले दरवाजे से ही क्यों नहीं आतीं।'

उनका स्वर सुनकर भक्तगण एक ओर हट गए व माँ ने, काली माँ की अद्भुत शोभा का पान किया।

ठाकुर ने अपने जीवनकाल में ही माँ के आजीवन भरण-पोषण की व्यवस्था कर दी थी। उन्होंने माँ से उनके दैनिक व्यय का हिसाब पूछा व कुछ रुपए इस हिसाब से जमा करवा दिए ताकि माँ को खाने-रहने का कष्ट न हो।

प्रत्येक प्रकार की शिक्षा देने के साथ-साथ वे परीक्षा लेने से भी नहीं चूकते थे। त्याग ही उनके जीवन का मूलमंत्र था और उन्होंने माँ को भी यही सिखाया था। वे रुपए-पैसे को हाथ से नहीं छूते थे, किंतु माँ रुपए को लक्ष्मी समझकर माथे से लगाती थीं। इसका अर्थ यह नहीं कि वे धन की लोभी थीं, वे माँ थीं। पूरे कुटुंब व भक्त समाज को अपनी भुजाओं में भर लेने वाली स्नेहमयी माँ। जिस तरह कोई माँ अपने परिवार के सदस्यों के भरण-पोषण के लिए धन चाहती है। उसी प्रकार वे भी धन को ग्रहण करती थीं। किंतु अपने अथवा ठाकुर के लिए बहुत कुछ ग्रहण करने की बात आते ही वे हाथ पीछे खींच लेतीं।

एक बार ठाकुर को कोई मारवाड़ी भक्त दस हजार रुपए देना चाहता था। उसने माँ के नाम रुपया जमा करने की बात कही तो ठाकुर ने माँ को बुलवाकर कहा—'ये भक्त तुम्हें रुपए देना चाहता है। लो चाहे, न लो। तुम्हारी मर्जी…'

श्रीमाँ ने तत्क्षण उत्तर दिया—'मैंने रुपए लिए या आपने। बात तो एक ही हुई। रुपया लेने से आपके ऊपर भी खर्च होगा। इसलिए मैं किसी भी हालत में इनके रुपए नहीं ले सकती।'

ठाकुर ने पूर्ण तृप्ति से श्रीमाँ की ओर देखा। वे अपनी परीक्षा में खरी उतरी थीं।

□

जगत् माँ

मातृत्व नारी जीवन की पराकाष्ठा है। प्रत्येक नारी माँ बनकर ही संपूर्ण होती है। मातृत्व ही उसकी प्रकृति है। सांसारिक रूप से माँ अपने कोख जाए शिशुओं का पालन-पोषण करके ही तृप्त हो जाती है, किंतु जो 'जगत् माँ' हो, उसके मातृत्व का विकास भी अद्‌भुत रूप से होता है।

माँ जयरामवाटी जातीं तो ग्रामीण स्त्रियों को बातें बनाने का अवसर मिल जाता। वे नाना प्रकार से श्यामासुंदरी व श्रीमाँ को यकीन दिलातीं कि वंध्या स्त्री को समाज में कभी मान नहीं मिलता। उसे दुर्भाग्य सूचक माना जाता है। वह किसी भी शुभकार्य में सहयोग नहीं दे सकती।

यह सुन-सुन कर श्यामासुंदरी भी खेद प्रकट करतीं—'मैंने भी कैसा दामाद चुना। न तो बिटिया की गृहस्थी बसी और न ही बाल-बच्चे हुए। वह तो आजन्म किसी के मुँह से 'माँ' शब्द तक नहीं सुन सकेगी।' तब रामकृष्णजी ने उन्हें सांत्वना दी थी—

'माँ जी, आप चिंतित न हों। आपकी पुत्री की इतनी संतानें होंगी कि वह माँ-माँ सुनते-सुनते बौरा जाएगी।'

ऐसा ही विचार एक बार श्रीमाँ के मन में आया था। उन्होंने तो किसी से कुछ नहीं कहा, किंतु अंतर्यामी ठाकुर जान गए व बोले—'परेशान मत हो! ऐसे पुत्र-रत्न दे जाऊँगा, जो सिर काटकर तपस्या करने से भी नहीं मिलते।'

ठाकुर के देहावसान के बाद भी माँ ने स्वप्न में उनके दर्शन पाए थे

और उन्होंने यही आश्वासन दिया था। ठाकुर का यह आश्वासन मिथ्या नहीं था।

माँ ने कालांतर में स्वयं को भक्त-जननी के रूप में पाया। उनके द्वार पर स्नेह की आस में आनेवाला प्रत्येक भक्त उनका पुत्र-पुत्री बन जाता। वे भक्त के संकोच को परे झटक, उसे झट से अपना बना लेतीं।

स्वयं उन्होंने व ठाकुर ने भक्त-संतानों को संन्यास मार्ग में दीक्षित किया था, किंतु वे संतानों को संन्यासी के नाम से नहीं पुकारती थीं। किसी ने पूछा तो उन्होंने कहा था कि वे माँ हैं न इसलिए संन्यासी का नाम लेने से कष्ट होता है। स्वामी विवेकानंद, सारदानंद, प्रेमानंद आदि उनके लिए सदा नरेन, शरत और बाबूराम ही रहे।

जब भी भक्त-संतानें माँ के हाथों प्रसाद पातीं तो उन्हें आभास होता कि माँ विशेष रूप से उन्हीं की ओर ध्यान दे रही हैं। उन्हीं की पसंद-नापसंद देख रही हैं। एक दिन कुछ भक्तों ने इस विषय पर परस्पर चर्चा की तो जाना कि सभी भक्तों को व्यक्तिगत रूप से ऐसा ही लगता था।

संतान के मन की बात जान लेना तो माँ का सहज व्यवहार होता है। यहाँ भी संतान का प्रयोजन जानकर माँ झट पूरा कर देतीं। एक साधु माँ की जूठी थाली में भोजन पाने की आस में थे। माँ प्रायः लड़कों का भोजन होने के बाद ही खाती थीं, इसलिए कभी ऐसा अवसर ही नहीं आता था। एक दिन माँ ने अपने भोजन के बाद साधु को बुलाया व अपनी पत्तल दिखाकर कहा, 'तुम उसमें भोजन कर लो। मैंने उसी में खाया है।'

किसी भक्त का गलत आचरण या कुसंगति भी उसे माँ का स्नेह पात्र बनने से नहीं रोक पाती थी। जिस तरह धूल में लोटता बालक माँ की गोद में जाकर शांति पाता है। उसी तरह वे भी पतित संतानों को गले से लगा लेतीं। कोई शिकायत करता तो वे कहतीं—'यदि बच्चा बदन में कीचड़ लगा ले तो क्या मैं माँ होकर उसे न उठाऊँगी?'

माँ को अपनी संतान के लिए कई तरह के कष्ट व अत्याचार सहने

पड़ते हैं। श्रीमाँ भी इसका अपवाद नहीं थीं। कभी कोई भक्त आ जाते व कहते कि माँ के दर्शन किए बिना अन्न-जल ग्रहण नहीं करेंगे। देखा जाता कि माँ झट से हाथ का काम छोड़ दर्शन देने खड़ी हो गईं और भक्त की इच्छा पूरी होते ही उसी के भोजन की व्यवस्था में लग गईं।

एक दिन उद्बोधन आवास में माँ रोज की तरह चौकी पर पैर लटकाए बैठी थीं। भक्त पुष्पांजलि अर्पित कर रहे थे। सेविका व महिला भक्त किसी काम से अन्यत्र चली गईं। तभी एक ऐसा भक्त आया जो पुष्पांजलि अर्पित करने के बाद भी वहीं डटा रहा और माँ चुपचाप उसकी भक्ति का अर्घ्य लेती रहीं। चाहे वे पसीना-पसीना हो गईं, किंतु संतान का हृदय नहीं तोड़ा। गाँव में जब भक्त-संतानें आ जुटतीं तो उनके सेवा-सत्कार में जुटी माँ अपने सारे कष्ट व असुविधा को ताक पर रख देतीं। कभी किसी भक्त की चाय के लिए गाँव में दूध लेने जा रही हैं तो कभी नाश्ते में बढ़िया खाद्य पदार्थ देने की तैयारी चल रही है।

एक भक्त महिला माँ को अपने हाथों की रसोई खिलाना चाहती थी। माँ ने बड़े स्नेह से उनका भोजन ग्रहण किया व गर्व से सब के बीच कहा—'देखो ये मेरी बेटी है।'

श्रीमाँ के मातृत्व की छाया में सभी जातियों, वर्णों, धर्मों के लोग सुस्ताते थे। जयरामवाटी के समीप के गाँव में तूँत वाले डकैत रहते थे। सारा गाँव उनसे थर-थर काँपता था, किंतु माँ ने अपने स्नेह से उन्हें भी भक्तों की कोटि में ला दिया था।

किसी के भी दोष को न देखने की अभ्यस्त माँ का यही प्रयास रहता था कि गिरे हुए को ऊँचा कैसे उठाया जाए। निःसंदेह ऐसी दृष्टि व दृष्टिकोण जगत् माता का ही हो सकता है।

अनेक भक्त व संन्यासी उनकी छत्रछाया में आकर मातृ-वियोग की पूर्ति कर लेते। ठाकुर के सभी शिष्यों की माँ अनेक शारीरिक व मानसिक कष्ट सहने पर भी सदा स्नेह से सबका स्वागत करतीं। जो मिलने नहीं आ

पाते थे, उनकी कुशल-क्षेम पूछतीं। जो मिलने आते, उनके सत्कार में कोई कमी न आने देतीं। जो रोगी होते, उनके नाम की पूजा चढ़वातीं। एक बार किसी भक्त-संतान ने पूछा—'माँ! क्या अपनी प्रत्येक संतान का हित साधन आपको ही करना पड़ता है?'

माँ ने कहा—'जिनके नाम याद रहते हैं। उनका नाम ले कर जप करती हूँ। जिनके नाम याद नहीं रहते, उनके लिए ठाकुर से प्रार्थना करती हूँ कि मेरी सभी संतानों की रक्षा करना।'

एक दिन जिस संतान-प्राप्ति के लिए माँ के मन में अभिलाषा जगी थी। अब वही भक्त संतानें 'माँ-माँ' की गुहार लगातीं पीछे-पीछे डोलती थीं।

केवल मनुष्य ही नहीं पशु-पक्षी व अन्य जीव भी माँ के स्नेह का प्रतिदान पाते थे। माँ के घर की पालिता बिल्ली बहुत मजे से दूध उड़ाती थी। उस पर हाथ उठाने की सख्त मनाही थी। यदि बिल्ली को चोरी के लिए डपटा जाता तो माँ स्नेह से कहतीं—'वह तो बिल्ली है। चुरा कर खाना ही तो उसका धर्म है।'

माँ का तोता हो या गाय का नन्हा बछड़ा, सभी परम सुख से उनका संग-साथ पाते।

माँ, गुरु व ब्राह्मण होने पर भी नि:संकोच सभी भक्तों की जूठन उठातीं हैं। उनके लिए यही बहुत बड़ा सौभाग्य था कि वे अपने पुत्रों की सेवा कर रही हैं।

एक दिन पगली भाभी ने क्रोध में आकर उनसे कहा था कि वे 'सर्वनाशी हैं।' माँ ने उसी क्षण प्रत्युत्तर दिया था—'चाहे जो जी में आए कह लो पर यह गाली मत देना। पूरे संसार में मेरी भक्त-संतानें हैं। इससे उनका अमंगल होगा।'

□

पनिहाटी महोत्सव

पनिहाटी में वैष्णव संप्रदाय का महोत्सव होने वाला था। रामकृष्णजी कुछ वर्ष पूर्व तक वहाँ जाते थे, लेकिन अब काफी समय से जाना नहीं हो पाया था। एक दिन भक्तों से बोले—'पनिहाटी में महोत्सव है। वहाँ आनंद का बाजार लगता है। हरि के नामघोष से दसों दिशाएँ गूँज उठती हैं। तुम लोग भी वह आनंद पाना चाहो तो साथ चलो।'

कुछ भक्त तो उत्सव का नाम सुनकर उत्साहित हो उठे, किंतु रामकृष्णजी की तबीयत ठीक नहीं रहती थी, अत: कुछ भक्त उन्हें वहाँ नहीं ले जाना चाहते थे।

रामकृष्णजी ने उनसे वादा किया कि वे लोग सुबह-सुबह ही निकल जाएँगे। वहाँ दो-तीन घंटे बिताकर लौट आएँगे व किसी से ज्यादा बात नहीं करेंगे।

अनेक भक्त स्त्रियाँ भी साथ थीं। करीब पच्चीस भक्त सुबह-सुबह नावें लेकर दक्षिणेश्वर आ पहुँचे। श्रीमाँ सबके भोजन के प्रबंध में व्यस्त थीं। उन्होंने एक महिला भक्त से पुछवाया तो उत्तर मिला, 'तुम लोग तो चल ही रही हो। यदि वह भी जाना चाहें तो चलें।'

बुद्धिमती माँ के लिए संकेत ही काफी था। वे जान गईं कि पति नहीं चाहते थे, वे भी साथ चलें। प्रत्यक्ष में उन्होंने कहा—'वहाँ तो बहुत भीड़ होगी। उत्सव नहीं देख पाएँगी। तुम लोग हो आओ। ठाकुर का ध्यान रखना।'

ठाकुर का ध्यान वहाँ कैसे रखते। वे तो मंदिर में पहुँचते ही कीर्तन में ऐसे मग्न हुए कि देह की सुध तक न रही। भक्तों को दिया वचन भूलकर वे भावाविष्ट हो गए। उन्होंने उस दिन ऐसा मनोहारी नृत्य किया कि शिष्य आश्चर्य में पड़ गए। नृत्य करते-करते ठाकुर की समाधि लग जाती तो भक्त उन्हें घेर कर खड़े हो जाते। उस दिन तो मानो उत्सव का पूरा आनंद ही उनकी कीर्तन मंडली में आ बसा था। सारा दिन हरिनाम का रस पीने के बाद सभी रात को दक्षिणेश्वर लौटे तो ठाकुर ने भोजन करते हुए, एक महिला भक्त से कहा—'आज वहाँ कितनी भीड़ थी। हर कोई मुझे ही देख रहा था। अच्छा हुआ कि वह नहीं गई। वह बहुत सयानी है। यदि वह जाती तो लोग कहते कि 'हंस व हंसी का जोड़ा है'।

माँ को यह पता चला तो वे मुस्कुरा कर चुप कर गईं। अपने पति की हार्दिक इच्छा को भला उनसे अधिक कौन जान सकता था। वे जानती थीं कि पति ने स्वीकृति नहीं दी, तभी तो वे साथ नहीं गईं।

उत्सव वाले दिन ठाकुर वर्षा में कई बार भीगे, सारा दिन कीर्तन चला, नंगे पाँव गीली जमीन पर चलते रहे और बार-बार समाधि भी लगी, फलत: तबीयत और भी खराब हो गई।

डॉक्टरों का कहना था कि यह लगातार बोलने व समाधिमग्न होने का परिणाम है। ठोस आहार बंद करके, दलिया व सूजी की खीर आदि दिए जा रहे थे। किंतु ठाकुर न तो समाधि छोड़ते थे और न ही बोलना।

दिन-रात आनेवाले भक्तों की संख्या भी तेजी से बढ़ रही थी। मीलों दूर से आए भक्तों से वे बात न करें तो कैसे चलेगा।

गले पर लेप हो रहा था। दवाएँ दी जा रही थीं। भक्त भी स्नेह से सेवारत थे। माँ उचित पथ्य बनाने में कभी आलस्य नहीं करती थीं, किंतु रोग बढ़ता ही जा रहा था।

एक दिन तो मानो भक्तों के प्राण ही कंठागत हो गए। बागबाजार की एक भक्त महिला ने ठाकुर व कुछ शिष्यों को भोजन का निमंत्रण भेजा।

ठाकुर ने कहलवाया कि उनके गले से खून निकल रहा है, अतः वे नहीं आ सकते। यह सुनकर तो भक्तों की चिंता का अंत न रहा। उन्होंने तय किया कि वे जल्द-से-जल्द ठाकुर को कलकत्ते के किसी अच्छे डॉक्टर को दिखाना होगा। सभी अपनी-अपनी ओर से प्रयासरत थे।

प्रिय शिष्य नरेंद्र भी कम बेचैन नहीं थे। उन्होंने कई डॉक्टरों से भेंट की। कई डॉक्टरी ग्रंथ पढ़े व इस नतीजे पर पहुँचे कि ठाकुर के रोग के सभी लक्षण कैंसर रोग से मिलते थे। उस समय तक असाध्य माने जानेवाले इस रोग की कोई दवा नहीं निकली थी।

ठाकुर इतनी दवाएँ खा-खाकर तंग आ गए थे, इसलिए होम्योपैथी उपचार आरंभ हुआ। उन्हें बलराम बसु के घर लाकर रखा गया, किंतु वहाँ तो नजारा ही निराला था।

दिन-रात भक्तों का जमघट रहने लगा। आराम करने या भोजन करने के अलावा ठाकुर का सारा समय बस भक्तों के बीच बीतने लगा। नाना जिज्ञासाओं, कामनाओं व इच्छाओं के साथ पहुँची भक्तों की भीड़ भला कहाँ जानती थी कि परमहंस दारुण पीड़ा सहते हुए भी उन्हें अमृत बाँट रहे थे।

□

ठाकुर की महासमाधि

'जब मैं सभी के हाथ से भोजन करूँ। कलकत्ते में रात बिताऊँ व खाने का कुछ हिस्सा दूसरे को देकर, बाकी स्वयं खाऊँ। जब लोग देवता मानकर मुझे पूजने लगें तो जान लेना कि मेरे जाने का समय आ गया।'

रामकृष्णजी ने अपने गले का रोग होने से काफी समय पूर्व ये बातें श्रीमाँ से कही थीं। जब उनकी तबीयत खराब रहने लगी और वे बातें एक-एक कर सच होने लगीं तो श्रीमाँ जान गईं कि पति से वियोग के क्षण समीप आ रहे हैं।

एक बार नरेन आए तो ठाकुर भोजन के लिए बैठे थे। उन्होंने नरेन को अपना भोजन दिया व उसमें से बचा हुआ स्वयं खाया। माँ ने नरेन के लिए दूसरी थाली लगानी चाही, किंतु उन्होंने मना कर दिया।

फिर जब ठाकुर चिकित्सा के लिए काशीपुर चले गए तो एक दिन भक्तों ने उनके चित्र को ही भोग लगा दिया। यह जानकर तो माँ का हृदय अमंगल की भावना से भर गया। कलकत्ता में ठाकुर दूसरों के हाथ से ही भोजन कर रहे थे। श्रीमाँ मन-ही-मन काँप जातीं तो क्या महाप्रयाण की वेला समीप थी?

ठाकुर श्यामपुकुर गए तो एक दिन गोलाप माँ ने श्रीमाँ से यूँ ही कह दिया—'वे आपसे रुष्ट होकर कलकत्ता चले गए हैं।' माँ उसी समय सवारी लेकर ठाकुर के पास पहुँची व रोने लगीं। बाद में गोलाप माँ ने अपनी उस

अनर्गल बात के लिए क्षमा माँगी। ठाकुर ने आश्वस्त किया तो श्रीमाँ के जी में जी आया।

माँ सब जानती थीं, किंतु इस बात को हृदय से स्वीकार नहीं कर पा रही थीं कि ठाकुर अब विदा लेने वाले हैं। अंतिम समय निकट था। शिष्य जी-जान से सेवा करते। माँ ने तारकेश्वर में निर्जल उपवास किया किंतु स्वप्न में उन्हें अपने उस कृत्य की निरर्थकता का आभास हुआ और वैराग्य के प्रभाववश वे लौट आईं।

माँ जानती थीं कि ठाकुर ने समस्त शिष्यों के रोग-कष्ट अपने सिर लिए हैं अन्यथा उनकी निष्पाप देह में इतना कष्ट कहाँ से आया?

एक दिन ठाकुर माँ से बोले—'सब तुम्हीं को करना होगा। मैं तो कुछ अधिक न कर सका। कलकत्ते के लोग अँधेरे में कीड़ों की तरह बिलबिला रहे हैं। तुम उन्हें देखना⋯।'

माँ ने कहा—'मैं स्त्री, भला कर भी क्या सकती हूँ।'

'नहीं, तुम्हें तो बहुत कुछ करना है।'

'ठीक है, देखेंगे, पहले भोजन तो कर लो'

उस दिन तो माँ ने ठाकुर को आश्वासन दे दिया, किंतु ठाकुर बार-बार यही बात उठाने लगे।

गले का घाव इतना बढ़ गया कि उससे खून रिसता था। अंत में ठोस आहार भी बंद हो गया। वे अपने जाने का एक-एक दिन गिनने लगे।

एक बार ठाकुर ने माँ से पूछा—'क्या कोई स्वप्न देखा।'

माँ बोलीं—'हाँ, मैंने देखा कि माँ काली गरदन टेढ़ी किए खड़ी हैं। पूछने पर वे बोलीं कि इसके कारण मुझे भी हो गया है।'

रामकृष्णजी मुसकरा दिए। शरीर में भयंकर यंत्रणा होने के बावजूद वे देह नहीं छोड़ पा रहे थे। वे अपने शिष्यों को एक करना चाहते थे। उनके रोग के कारण सभी शिष्य परस्पर एकजुट हुए व रामकृष्ण त्यागी-संघ की स्थापना हुई।

पहले-पहल कुछ भक्तों ने ठाकुर के रोग को संक्रामक जानकर उनसे कन्नी काट ली थी। उन्होंने ठाकुर के पास आना ही छोड़ दिया था, किंतु एक दिन नरेन ने गिलास में वह पानी सबके सामने पी लिया, जिसमें डॉक्टर ने ठाकुर का घाव धोया था। फिर बोले—'यदि इस जल में कोई कीटाणु होंगे तो सबसे पहले मुझे यह रोग होगा।''

उस दिन के बाद कोई शिष्य ठाकुर की सेवा से पीछे नहीं हटा। कई प्रकार के डॉक्टर व वैद्य बदले गए। गले में कभी बड़ा सा फोड़ा हो जाता। उससे साँस लेने में तकलीफ होने लगती। जब फोड़ा फूट जाता तो प्राणांतक कष्ट होता। फोड़ा फूटने के बाद थोड़ा आराम आता और फिर पीड़ा का कोई न कोई कारण बन जाता। ठाकुर सब कुछ भुलाकर ईश्वरसंबंधी चर्चा में लीन रहते। वे कहते थे, 'रोग तो देह में है, इसे दुख पाने दो। मन! तू आनंद कर।'

माँ चुपचाप ठाकुर की सेवा में संलग्न थीं। उनके हृदय की पीड़ा का क्या कहें, ठाकुर की देह को दिन-प्रतिदिन क्षीण होते देख रही थीं। उन्होंने शिष्यों के पाप-ताप अपने सिर लेकर ही शरीर में इतना कष्ट पाया था। एक दिन वे बोले—'जो कुछ भोगना था, मैंने ही भोग लिया है। तुममें से किसी को भी कष्ट नहीं भोगना होगा। मैंने संसार के लिए सारा कष्ट भोग लिया…।'

भक्त बार-बार कहते—'ठाकुर! जब तक आप स्वयं नहीं चाहेंगे। रोग अच्छा नहीं होगा।'

वे हँसकर कहते—'यह शरीर तो मानो कागज की थैली है और उसमें एक छेद हो गया है। ऐसी बातों की भी भला कहीं चिंता करते हैं?'

शरीर-त्याग के दिन ठाकुर बिस्तर पर बैठे थे। उनके बचने की क्षीण आशा भी समाप्त हो गई थी, इसलिए चारों ओर विषाद छाया था। श्रीमाँ व लक्ष्मी सामने आईं तो बोले—'आ गईं! देखो, ऐसा लगता है मानो मैं जल के भीतर से, कहीं दूर चला जा रहा हूँ।'

माँ के आँसू न रुके तो वे बोले—'चिंता मत करो। जैसे रहती आई हो, वैसी ही रहोगी। इन लोगों ने जो मेरे लिए किया, वही तुम्हारे लिए भी करेंगे।'

ठाकुर अपने शिष्यों का भार नरेन को सौंप ही चुके थे। उस रात नरेन ने हठ से उनके पाँव गोद में खींच लिये व दबाने लगे अन्यथा ठाकुर उन्हें अपनी सेवा नहीं करने देते थे। दो-तीन घंटे की गहरी नींद लेने के बाद उनके मुख से ओम्-ओम् का उच्चारण हुआ और वे समाधि में लीन हो गए। नरेन ने उनके पाँव गोद से उतारे व बाहर चले गए। अपने ठाकुर के ये क्षण उनसे देखे नहीं जा रहे थे। कुछ देर में स्वयं को सँभालकर भीतर आए। सबने समझा कि ठाकुर समाधि में हैं। वे समाधि उतारने के लिए हरिनाम लेने लगे, किंतु डॉक्टर ने आते ही कहा कि यह तो महासमाधि है। नरेन भी जान गए थे।

माँ चीत्कार कर उठीं—'मेरी माँ काली! मुझे छोड़कर चली गईं।'

काशीपुर के उस मकान में महापुरुष के अंतिम दर्शनों के लिए लोग आने लगे। शाम छह बजे के करीब उनकी पार्थिव देह के अत्येष्टि संस्कार की तैयारी हुई। काशीपुर घाट पर ठाकुर की देह पंचतत्त्वों में लीन हो गई।

ठाकुरजी की अस्थियाँ एक तांबे के पात्र में लेकर सभी भक्त काशीपुर लौट आए। बलराम बाबू माँ के लिए सफेद वस्त्र ले आए ताकि वे विधवा वेश धारण कर सकें। गोलाप माँ में इतना साहस न था कि वे श्रीमाँ को सफेद वस्त्र देने जाएँ।

शोकातुर माँ अपने आभूषण उतारने लगीं। हाथों के कंगन निकालने लगीं तो ऐसा लगा मानो ठाकुर स्वयं ही उपस्थित हों।

'मैं क्या मर गया हूँ, जो कंगन निकाल रही हो?'

माँ ने स्वयं को चिर-सधवा जान हाथों से कंगन नहीं निकाले। उन्होंने साड़ी का किनारा फाड़कर पतला कर लिया और फिर सदा वैसी ही साड़ी पहनी।

ठाकुर के अस्थि-कलश को लेकर गृही व संन्यासियों के बीच कुछ

मतभेद हो गया। माँ ने कोई मध्यस्थता नहीं की व गोलाप माँ से बोलीं—'ऐसे सोने से मानुष चले गए और ये लोग राख के लिए झगड़ रहे हैं।'

माँ ठाकुर के वियोग में विरक्त थीं। वे भी अपना शरीर छोड़ देना चाहती थीं। किंतु ठाकुर ने पुनः दर्शन देकर कहा—'नहीं, तुम रहो, अभी बहुत-सा काम बाकी है।' माँ ने उनकी बात तो मान ली, किंतु चित्त बहुत अस्थिर था। शिष्यों ने तय किया कि वे माँ को तीर्थाटन के लिए ले जाएँगे।

बलराम भवन में कुछ दिन रहने के पश्चात् गोलाप माँ, लक्ष्मी दीदी, योगीन महाराज व लाटू महाराज आदि के साथ माँ ने प्रस्थान किया।

वैद्यनाथ होते हुए वे लोग काशीधाम पहुँचे। एक दिन विश्वनाथ के मंदिर में आरती के समय माँ को भावावेश हो आया। वे पैर पटकते हुए मंदिर से लौट आईं। अपनी उस दशा को सबसे छिपाने के लिए वे तत्काल सो गईं।

उन्होंने वहाँ एक स्वामीजी के भी दर्शन किए। वे नग्नावस्था में रहते थे। माँ उस निर्विकार महापुरुष के दर्शन कर आनंदित हुईं। प्रयाग के पुण्य तीर्थ में स्नानकर वे लोग अयोध्या पहुँचे। रामलला की जन्मभूमि के दर्शन के बाद वृंदावन की राह ली।

इस रास्ते में माँ ने ठाकुर के दर्शन पाए। वे रेलगाड़ी में खिड़की के पास बाजू रखकर लेटी थीं। हाथ में सोने का रक्षा-कवच था, वे बड़ी श्रद्धा से उसकी पूजा करती थीं। ठाकुर बोले—'देखना, कहीं खो मत देना।' माँ ने झट से कवच निकाल कर बक्से में रख दिया। उस दिन ठाकुर के दर्शन पाकर माँ को विश्वास हो गया कि पति से विरह हो ही नहीं सकता। वे तो सदा उनके संग-साथ बने रहते हैं।

वृंदावन जाकर फिर से वही मनोदशा लौट आई। वहाँ योगीन माँ मिल गईं। दोनों गले मिलकर खूब रोईं। अब तो बस ठाकुर की चर्चा और आँसुओं की वर्षा के सिवा कुछ होता ही न था। फिर एक रात ठाकुर ने योगीन माँ को दर्शन दिए।

'तुम सब रोती क्यों हो? मैं कहीं नहीं गया, यहीं तो हूँ। यह तो मानो एक से दूसरे कमरे में जाने की बात है।'

माँ व योगीन माँ का शोक कुछ घटा। वृंदावन में माँ गहरी समाधि में मग्न रहने लगीं। एक दिन काफी देर बाद समाधि टूटी तो माँ उसी प्रकार भावावेश में आ गईं, जिस प्रकार ठाकुर आया करते थे। उन्होंने ठाकुर की तरह जलपान किया व स्वामी योगानंदजी के कुछ प्रश्नों का उत्तर भी दिया।

वृंदावन में एक वर्ष तक रहने से माँ का अलौकिक भाव स्पष्ट रूप में सामने आने लगा। उन्होंने वहीं स्वामी योगानंदजी को दीक्षा भी दी।

वृंदावन से सभी हरिद्वार होते हुए जयपुर व पुष्कर गए और इस प्रकार, सभी पुण्य पावन तीर्थों की यात्रा कर कलकत्ता लौट आए।

□

श्रीमाँ की सहनशीलता

श्रीमाँ पति के आदेश को भूली नहीं थीं। रामकृष्णजी ने उनसे कहा था—'तुम कामारपुकुर में रहना। खेती-बाड़ी करके गुजारा चलाना व हरिनाम लेती रहना, कभी किसी के आगे हाथ मत पसारना। किसी के आगे हाथ फैला दिया तो मानो अपना सिर ही बेच दिया।'

उन्होंने गाँव जाने की तैयारी कर ली। जाने से पूर्व वे दक्षिणेश्वर गईं व ठाकुर की पुण्य स्मृति से जुड़ी प्रत्येक वस्तु व स्मृति चिह्न को माथा टेका। कुछ भक्तगण व गोलाप माँ उन्हें गाँव पहुँचाने चले। पैसे इतने नहीं थे कि किराया पूरा पड़ता। कुछ यात्रा पैदल भी करनी पड़ी।

उसके बाद माँ के जीवन में कठोर दारिद्रय का सूत्रपात हुआ। मानो यह भी ठाकुर की ही इच्छा थी। उन्होंने बड़ी प्रसन्नता से इसे भी स्वीकार किया। रामलाल दादा ने माँ का कोई भार नहीं लिया और ठाकुर को मंदिर से जो रुपए मिलते थे। वे भी बंद हो गए। मंदिर आयोजकों को कह दिया गया कि श्रीमाँ नि:संतान विधवा हैं। वे भक्तों से ही इतना पा लेती हैं कि उन्हें और रुपयों की कोई आवश्यकता नहीं। नरेन ने इस स्थिति को सँभालना चाहा, किंतु माँ ने उसे मनाकर दिया।

गाँव में ठाकुर का कहा ही सच हुआ। कभी-कभी तो दो वक्त का खाना भी पूरा नसीब नहीं होता था। माँ सभी कष्ट सहने पर भी पति के गृह में टिकी रहीं। ग्रामवासियों के लिए वे श्रीमाँ नहीं, गदाई

की विधवा थीं। वे उनके उच्च आध्यात्मिक भावों से पूरी तरह अपरिचित थे व उन्हें अपने समान सांसारिक धरातल पर ही देखते थे।

माँ के शरीर पर वैधव्य के चिह्न न देखकर तो वे सब और भी क्षुब्ध हो उठे। समाज के नियमों की अवहेलना और वह भी एक स्त्री द्वारा। उन्होंने माँ के कंगनों पर आपत्ति उठाई तो माँ ने कंगन उतार दिए, किंतु स्वप्न में ठाकुर ने दर्शन देकर कहा—'कंगन मत उतारो। वैष्णव तंत्र नहीं जानते। गौरी माँ से पूछना।'

उसी शाम गौरी-माँ आ पहुँचीं। वे बोलीं—'ठाकुर ने ठीक ही तो कहा है। तुम विधवा कैसे हो सकती हो। तुम्हारे पति तो चिन्मय हैं। तुम लक्ष्मी हो। तुम आभूषण मत त्यागो।'

माँ ने दृढ़ भाव से कंगन पहन लिये और फिर से पतले लाल किनारे की धोती पहन ली। पति की देह चाहे नहीं रही, किंतु वे सदैव उनके साथ ही तो थे।

ठाकुर के दर्शन से माँ का मानसिक संताप जाता रहा। वे कड़े परिश्रम से तो कभी नहीं घबराई थीं। अभी भी अपने हाथों अन्न उगाना कोई बड़ी बात नहीं थी, किंतु परिवार से अकेलेपन व अपनों की उपेक्षा का कोई क्या करे?

धीरे-धीरे गाँव में शुभचिंतक जुटने लगे। मायके से भी बुलावा आया, किंतु माँ ने ससुराल में ही रहना चाहा। परिवार के दूसरे जन, ठाकुर की याद में समय बिताने वाली माँ को भी सांसारिक प्रपंचों में खींच लेना चाहते थे। अत: पारिवारिक एकता विखंडित होने लगी। माँ की सहिष्णुता उनके साथ बनी रही, बाकी सब ने साथ छोड़ दिया। वे कुछ दिन मायके बिताकर लौटीं तो देखा की रामलाल दादा अपने हिस्से के घर की व्यवस्था करके शहर चले गए। उस जनशून्य घर में माँ को रामकृष्णदेव का कमरा मिला और वे अकेले ही वहाँ रहने लगीं।

पहले कुछ माह अर्थाभाव रहा। फिर माँ के भक्तों ने व्यवस्था करनी

आरंभ कर दी। वहाँ भी लोग उनसे मिलने आने लगे। ठाकुर के उस घर में भक्तों का पदार्पण श्रीमाँ के लिए प्रसन्नता का विषय बन जाता। वे बड़े स्नेह से अतिथियों का सत्कार करतीं। उन्हें अपने हाथों से भोजन परोसतीं। यहाँ तक कि घर की नौकरानी भी उनके स्नेह से वंचित नहीं रहती थी।

माँ अपने हाथों से सामग्री जुटाकर भोजन पकातीं व प्रभु को भोग लगातीं। उधर कलकत्ता में ठाकुर के भक्त अपने गुरु के आदर्श व आदेश की पूर्ति में लगे थे। संभवत: वे आरंभ में माँ की उस विपन्न दशा का अनुमान ही नहीं कर पाए। या वे उस दशा में ही नहीं थे कि उस ओर ध्यान जाता। श्रीमाँ सभी पर्वों-त्योहारों पर पूरे अनुष्ठान से पूजा करवातीं। भक्तगण उनके हाथों प्रसाद पाते।

माँ की आध्यात्मिक अवस्था तथा भाव निरंतर उच्चतर होते जा रहे थे। यद्यपि गाँव के प्रतिकूल वातावरण में उनके हृदय को बहुत कष्ट होता था। वहाँ के लोग नैतिकता व आध्यात्मिकता के अस्तित्व से भी अनभिज्ञ थे। नित नई आलोचनाएँ होतीं। उन्हीं निंदा-वार्त्ताओं में उनका जीवन कटता था।

माँ के संघर्षमय कष्टपूर्ण जीवन का समाचार कलकत्ता पहुँचा तो भक्तों को लगा कि उन्हें माँ को वापस ले आना चाहिए।

श्रीरामकृष्ण जब तक दक्षिणेश्वर में थे, तब तक वे पूरे अधिकार व मर्यादा के साथ वहाँ आती जाती थीं, किंतु अब परिस्थिति भिन्न थी। पति के बिना संतान भक्तों के बीच रहना। यद्यपि वे भली-भाँति जानती थीं कि उनके पुत्र भक्तों का स्नेह कितना आंतरिक है, किंतु फिर भी उन्होंने गाँव के समाज की राय ले लेनी चाही।

कोई जाने की सहर्ष हामी देता, कोई सुनकर कड़वा सा मुँह बना लेता तो कोई चुप रहकर ही अपनी अस्वीकृति का मंतव्य प्रकट कर देता। अंततः धर्मदास लाहा की पुत्री से विचार-विमर्श हुआ। वे धार्मिक व बुद्धिमती महिला थीं। सुनते ही बोलीं—'क्यों नहीं जाओगी। जरूर जाओगी।

पुत्रों का निमंत्रण पाकर माँ न जाए, भला ऐसा भी होता है क्या? उन्हें तुम्हारी आवश्यकता है।'

अब गाँववालों की भी समझ में आया कि ठाकुर के शिष्य उनके पुत्रवत् थे। ऐसे में श्रीमाँ भी तो उनकी 'माँ' ही हैं। पुत्रों के पास माँ के रहने में कैसी आपत्ति?

□

पुत्रों के साथ

श्री माँ को पुत्रों ने स्नेह से सिर-माथे बिठाया। उनके लिए गंगा किनारे मकान की व्यवस्था की गई। माँ का अधिकांश समय जप व ध्यान में ही बीतने लगा। फिर माँ पुरी की तीर्थयात्रा पर गईं। वे अपने साथ ठाकुर का फोटो भी ले गई थीं, क्योंकि ठाकुर कभी पुरी नहीं गए थे। उन्होंने उन्हें भी जगन्नाथजी के दर्शन करवाए। इस यात्रा से, माँ के मन से विरह का दुख जाता रहा। अब तो वे तथा ठाकुर एक प्राण हो गए थे। फिर विरह का प्रश्न ही कहाँ उठता था।

स्वामी विवेकानंदजी परिव्राजक बनने की अनुमति लेने आए। माँ ने अपने नरेन को अनेक शुभेच्छाओं के साथ विदा दी। तब तक सभी भक्त संतानों के लिए ठाकुर की पत्नी, 'माँ' के रूप में प्रतिष्ठित हो चुकी थीं। जब भी वे गाँव जातीं तो भक्त संतानें भी माँ के दर्शनों को पहुँच जातीं।

गाँव तो माँ का घर था। वे बड़े सेवा-जतन से भक्तों का ध्यान रखतीं। जगद्धात्री पूजा के अवसर पर सभी एकत्र हुए तो ऐसा लगा कि रामकृष्णजी का कुटुंब पधारा हो। माँ श्यामासुंदरी तो अपनी पुत्री की इन संतानों पर वारी नहीं जाती थीं। उनके जमाई ने सच ही तो कहा था अब शारदा निःसंतान कहाँ थी। उसके चारों ओर बैठी संतानें मानो उसके गले का हार थीं।

गाँव की प्रतिकूल जलवायु ने सभी मेहमानों को मलेरिया की चपेट में ले लिया तो माँ के दुःख की सीमा न रही। जब तक सभी भले-चंगे

होकर लौट नहीं गए, उन्होंने चैन की साँस नहीं ली।

इसके कुछ समय बाद माँ ने वृंदावन की तीर्थयात्रा की। वे उन दिनों बोसपाड़ा लेन में रह रही थीं। स्वामी विवेकानंदजी ने अमेरिका से लौटकर, बेलुड़ में भूमि खरीदने के लिए बयाना दिया।

मठ का निर्माण कार्य शुरू होने पर माँ स्वयं पधारीं। उन्होंने सबसे पहले ठाकुर का पूजन करके भोग अर्पित किया व उन्हें धन्यवाद दिया कि भक्त संतानों के लिए एक स्थान पर रहने का प्रबंध हो गया।

मठ का निर्माण कार्य पूरा होने के बाद बड़ी धूमधाम से ठाकुर के देहावशेष पात्र को नए मठ में प्रतिष्ठित किया। माँ की आत्मा जुड़ा गई।

1901 में स्वामीजी ने बेलुड़ मठ में प्रतिमा निर्मित करवाकर, दुर्गा पूजन करवाया। माँ मठ में पधारीं। उन्हीं के नाम से पूजा का संकल्प हुआ व सारा मठ आनंदमग्न हो उठा।

माँ की भक्त संतानों की संख्या बढ़ती जा रही थी। स्वामी सारदानंदजी ने तय किया कि वे माँ के लिए कलकत्ता में ही पक्का घर बनवाएँगे, क्योंकि सभी के लिए जयरामवाटी जाना सरल नहीं था और वहाँ की जलवायु भी उन्हें रोगी बना देती थी। माँ को भी किराए के मकानों में रहना पड़ता था। कभी-कभी तो उन्हें गंगा-स्नान की तीव्र अभिलाषा को भी दबाना पड़ता था।

स्वामी सारदानंदजी के अथक प्रयासों से, बागबाजार में माँ के लिए भवन तैयार हुआ। 1901, मई माह में माँ ने उस घर में अपने कदम रखे व उस स्थान की प्रशंसा की। स्वामी सारदानंदजी का परिश्रम सार्थक हो गया।

उस मातृ-सदन में जाने कितने भक्तों ने दीक्षा पाई। वह घर कितनी भाव समाधियों व आध्यात्मिक अनुभवों का साक्षी रहा। माँ ने अपने जीवन का अंतकाल वहीं व्यतीत किया।

□

परिवार के लिए

श्यामासुंदरी नहीं रहीं तो दीदी शारदा ने स्वतः ही सबका भार अपने सिर ले लिया। यद्यपि उनके भाई-भावज अपनी-अपनी गृहस्थियाँ बसा चुके थे, किंतु उनके जीवन व संसार से जुड़े जाने कितने विवाद व छल-प्रपंच माँ को ही निपटाने पड़ते।

कलकत्ता में सबकी माँ जगदंबा, जयरामवाटी पहुँचते ही सबकी आश्रयदायिनी बन जातीं। वहाँ तो उन्हें रसोई से लेकर मेहमानों की आवभगत तक सभी कार्य स्वयं ही करने पड़ते थे।

जब वे कलकत्ता में होतीं तो भाइयों के पत्रों में या तो आर्थिक सहायता की माँग होती या फिर पारिवारिक कलह की चर्चा। भक्त कहते कि 'माँ आप ठाकुर से कहकर उनके लिए आर्थिक व्यवस्था क्यों नहीं करवा देतीं। क्या वे सदा यूँ ही तंगी में जीएँगे।' माँ कहतीं—'भला सांसारिक व्यक्ति भी कभी धन से तृप्त होते हैं। उन्हें चाहे जितना दे दो, उनकी संतुष्टि नहीं होती। वे सदा अभावों का रोना ही रोया करते हैं।'

माँ के जीवन में संसार व अध्यात्म की धारा एक साथ प्रभावित होती थी। केवल उनके निकट आत्मीय ही जान पाते थे कि माँ वास्तव में क्या हैं।

एक बार उनके दो भाई किसी मामूली-सी बात पर उलझ पड़े। बात हाथापाई तक जा पहुँची तो माँ को बीच-बचाव करना पड़ा। वे तो अपने-अपने घर चले गए, किंतु माँ वहीं बैठी-बैठी माया के इस खेल पर हँसती रहीं।

परिवार में भाई-भाभियों के अलावा भतीजे-भतीजियाँ भी थे। राधू, नलिनी, माकू, सुखाला आदि परिवार की कई स्त्रियाँ उनके पास ही रहती थीं। माँ उनके पालन-पोषण के लिए विशेष रूप से चिंतित रहतीं। नलिनी व माकू का विवाह हो चुका था। किंतु फिर भी वे बुआ के पास रहती थीं।

नलिनी दीदी तो किसी भी दशा में पति के घर नहीं जाना चाहती थी। उन पर सदा छुआछूत का भूत सवार रहता। वह इतना वहम मानती थी कि श्रीमाँ भी उसके आरोपों की चपेट में आ जातीं। वह दूसरों से कहतीं कि माँ भक्तों की जूठन उठाती हैं। कुछ छू जाने से स्नान भी नहीं करतीं। दो-दो बार मुँह जूठा करती हैं।

पगली भाभी की बेटी राधू की ससुराल में कुछ भेजने से पहले, माँ नलिनी की भी राय ले लेतीं ताकि उसे यह न लगे कि राधू को इतना क्यों दे दिया। इधर पगली भाभी पर हमेशा यह भूत सवार रहना था कि श्रीमाँ बाकी सदस्यों पर सब कुछ लुटा देंगी तो राधू के लिए क्या बचेगा।

चाहे जितनी भी कोशिश की जाए, सुरबाला व नलिनी में किसी-न-किसी बात पर ठन ही जाती थी। माँ चाहती थीं कि पूरा परिवार मिलकर स्नेह से रहे, किंतु परिस्थितियाँ ऐसी प्रतिकूल हो जातीं कि वे विवश हो जातीं।

आध्यात्मिक शक्तियों की स्वामिनी श्रीमाँ उन लोगों के निकट एक धनी संबंधी से अधिक कुछ न थीं। कई बार देखने में आया कि मामा लोग ने उन्हें लूटने में कोई कसर नहीं छोड़ी। हर किसी को यही लगता था कि माँ से जो भी फायदा लिया जा सके, ले लें। सब जानते-बूझते हुए भी माँ यथासंभव सहायता करने की चेष्टा करतीं।

पहले-पहल जयरामवाटी जाने पर वे किसी मामा के यहाँ ठहरती थीं, किंतु बाद में उनकी संगिनियों व संतान भक्तों की संख्या बढ़ने लगी तो पुण्यपुकुर के पश्चिमी किनारे पर एक नया घर बनवाया गया। उसके बाद वही माँ का पवित्र निवास हुआ।

□

श्रीमाँ तथा राधू

श्रीमाँ के जीवन में 'राधू' का उल्लेख होना आवश्यक है। कहते हैं कि राधू योगमाया थी। श्रीरामकृष्णजी का देहावसान होने के बाद श्रीमाँ मानो संसार से विरक्त हो चली थीं। पति के उस वियोग के बाद अपने लिए जीवन में कोई लक्ष्य अथवा संबल नहीं दिखता था। वे कहती थीं—'मैं इस संसार में रहकर क्या करूँगी।' तभी उन्होंने देखा कि लाल वस्त्रों में दस-बारह वर्ष की एक कन्या वहाँ घूम रही थी। रामकृष्णजी वहाँ उपस्थित हुए व उसे दिख कर बोले—'इसे सहारा बनाकर जीओ। तुम्हारी दूसरी संतानें भी तो हैं। सबको सँभालो।'

उस समय सब कुछ अलोप हो गया। श्रीमाँ स्पष्टतः कुछ नहीं समझ पाईं। उनके परिवार में अभयचरण जी थे, वे उनके भाई थे। माँ चाहती थीं कि वे पढ़-लिखकर योग्य बनें, लेकिन काल के आगे सब विवश हैं। हैजे के कारण उनके प्राण जाते रहे। अपनी मृत्यु के समय वे परिवार का भार माँ को सौंप गए। उन दिनों पत्नी सुरबाला गर्भवती थीं। पति की असमय मृत्यु व नाना दुखों के आघात से उनका मस्तिष्क फिर गया।

मस्तिष्क की विकृतावस्था में ही उन्होंने 'राधू' को जन्म दिया। राधू का नाम रखा गया 'राधारानी'। नन्हीं कन्या का पालन-पोषण पगली माँ कैसे करती? माँ ने एक दूसरी महिला को यह कार्यभार सौंपा।

एक दिन राधू घुटनों के बल घिसटती-घिसटती पगली माँ के पीछे

जा रही थी। यह देखते ही माँ के मन में विचार आया—'बेचारी बच्ची का ध्यान तो मुझे ही रखना होगा। पिता है नहीं, माँ पगली है।' उन्होंने राधू को गोद में लिया तो यूँ लगा कि पति स्वयं आकर कह रहे हैं—'यही योगमाया तुम्हारे जीवन का आधार होगी।'

श्रीमाँ की राधू के प्रति आसक्ति, प्राय: दूसरे भक्तों की जिज्ञासा को मुखर कर ही देती है। एक दिन उन्होंने उत्तर दिया था—'क्या करूँ? यदि ये आसक्ति न रखती तो संभवत: ठाकुर के देहावसान के बाद, मैं भी न रहती। राधी-राधी करके तो मैंने मोह पाल रखा है।'

भक्तगण चाहते थे कि श्रीमाँ सुरबाला व राधू के लिए आर्थिक प्रबंध कर दें तथा स्वयं कलकत्ता में ही रहें, किंतु माँ को ऐसा आभास हुआ कि इससे राधू की प्राणहानि हो सकती थी। अत: वे भी जयरामवाटी जाने को प्रस्तुत हो गईं। फिर तो आगे चलकर राधू ही उनके जीवन में चिंता का प्रमुख केंद्र रहीं। उनका कहीं भी आना-जाना अथवा रहना यही सोचकर तय होता था कि राधू को उस स्थान पर कैसा लगेगा या उसे सुविधा होगी अथवा नहीं।

इसके बाद भी कुछ वर्षों तक माँ को रामकृष्णजी का संकेत मिलता रहा कि उन्हें संसार से विदा लेने की बजाए जीवित रहना होगा।

बुधा को राधू 'माँ' कहती थी और अपनी माँ को 'मुंडी माँ', क्योंकि पगली सुरबाला ने अपना सिर मुंडवा लिया था। राधू के प्रति माँ के मन में स्नेह का अंत नहीं था।

राधू को उन्होंने मिशनरी स्कूल में पढ़ने को भेजा था, एक दिन वह स्कूल जाने लगी तो गोलाप माँ ने कहा—'इतनी बड़ी लड़की को स्कूल क्या भेजना।'

राधू रोने लगी तो श्रीमाँ बोली—'स्कूल जाने से भला ही होगा। पढ़ना-लिखना, कढ़ाई व दस्तकारी आदि कितनी चीजें सीख लेगी तो ससुराल में ठीक ही रहेगा।'

श्रीमाँ ने हमेशा कन्या-शिक्षा को प्रोत्साहित किया। निवेदिता विद्यालय की गतिविधियों में उनका उत्साह देखते ही बनता था। घर के प्रतिकूल वातावरण

के बावजूद उन्होंने भी इतना पढ़ना तो सीख ही लिया था कि ग्रंथ आदि पढ़ सकें।

माँ राधू को सब तरह की शिक्षा देना चाहती थीं, उसका ध्यान भी रखती थीं। बचपन से ही राधू का स्वभाव व स्वास्थ्य अच्छा था। उसकी बाल-सुलभ चेष्टाएँ सबका मन मोह लेतीं।

राधू की पगली माँ को हमेशा यही चिंता लगी रहती थी कि श्रीमाँ कहीं सब कुछ दूसरे नातेदारों पर लुटा देंगी तो राधू के लिए क्या बचेगा। श्रीमाँ उसे लाख समझातीं पर पगली सुरबाला के दिमाग में यही बात बस गई थी।

राधू का विवाह भी श्रीमाँ के लिए बड़ा उत्तरदायित्व वाला काम था। उन्होंने जयरामवाटी में विवाह का प्रबंध किया। चटर्जी परिवार में संबंध तय हुआ, हालाँकि माँ का पितृकुल उनकी तुलना में निर्धन था, किंतु सारदानंदजी ने दिल खोलकर राधू के विवाह पर व्यय किया।

वर पक्ष ने भी मनमानी की व जी भर कर वसूला। वर पक्ष की अनुचित माँगों से सभी क्षुब्ध थे, किंतु माँ ने मांगलिक कार्य में मनमुटाव की आशंका से सबको शांत करा दिया। राधू उस समय ग्यारह वर्ष की थी और उसके पति मन्मथ की आयु पंद्रह वर्ष थी।

विवाह भली-भांति संपन्न होने पर माँ ने चैन की साँस ली। राधू उनका स्नेह-धन थी। उन्होंने कभी भी उसकी ओर से मुख नहीं मोड़ा, किंतु आगे चलकर परिस्थितियाँ ऐसी बनीं कि वही उनके दुख का मूल बनती गई।

एक बार कुछ स्त्रियाँ माँ से मिलने आई तो माँ को नाते-रिश्तेदारों व महिला भक्तों के छोटे-छोटे कार्यों में लिप्त देखा तो हँस कर बोलीं—'देखते हैं कि माँ भी माया में खूब लिपटी हैं।'

माँ ने हँसकर कहा—'हाँ बेटी, खुद माया जो हूँ।'

उन स्त्रियाँ ने चाहे समझा हो या नहीं। बात तो सच ही थी। राधू को विवाह के बाद अस्वस्थ होते देर नहीं लगी। उसका मिजाज रूखा होता चला गया। माँ को यही डर सताने लगा कि पगली माँ की बेटी, कहीं पगली

ही न हो जाए। एक बार उन्होंने एक महिला भक्त से कहा भी था—'जिसके प्रति जो भी कर्तव्य हो निभाना, लेकिन प्रेम तो सिर्फ प्रभु से करना, क्योंकि प्रेम में तो बड़ा दुःख उठाना पड़ता है।'

राधू अपनी ससुराल से लौट आई। उस समय वह गर्भवती थी। जाने उसे क्या रोग था कि वह कोई भी शोर सह नहीं पाती थी। अब श्रीमाँ का प्रत्येक कार्य उसी के अनुसार होने लगा।

स्वामी विवेकानंदजी के जन्मोत्सव पर वे कलकत्ता आईं, किंतु गर्भवती राधू किसी भी दशा में वहाँ रहना नहीं चाहती थी, उसे वहाँ से लेकर माँ गाँव लौट गईं।

कोआलपाड़ा के जगदंबा आश्रम में रहना तय हुआ। दिन में तो सब ठीक रहता, किंतु रात को उस घोर निर्जन वन में जंगली पशुओं का भय सताने लगता। राधू की सुविधा के लिए घर में धातु की हर चीज पर कपड़ा लपेट दिया गया ताकि उसे बुरा न लगे।

माँ ने राधू को रोगमुक्त करने केलिए कोई कसर नहीं छोड़ी। वह हमेशा लेटी रहती। राधू की माँ श्रीमाँ से उलझ पड़ी—'तुम मेरी रोगी पुत्री को कलकत्ते से यहाँ ले आईं। उसे कुछ हो गया तो दवा-दारू का प्रबंध कहाँ से होगा।'

माँ ने उसके कहने पर राधू के लिए बर्फ मँगवा ली। राधू के माथे पर बर्फ रखने का कार्यक्रम चल ही रहा था कि किसी ने कहा कि 'आसन्नसवा के सिर पर बर्फ रखना ठीक नहीं।' दूसरा बोला राधू को किसी तांत्रिक को दिखाना पड़ेगा। ऊपरी हवा लग गई है। तांत्रिक महाराज का उपाय भी करवाया गया।

राधू के लिए चंड उतारने का प्रबंध भी हुआ। राधू के प्रसव के समय शल्य क्रिया की व्यवस्था भी की गई, लेकिन प्रसव सुख से हुआ व उसने पुत्र को जन्म दिया।

राधू का रोग बढ़ता जा रहा था। प्रसव के सात-आठ माह बाद भी वह इतनी कमजोर थी कि घुटनों के बल चलती थी। शरीर पर कपड़े नहीं पहनती

थी। इसलिए उसके रहने की जगह घेर कर रखनी पड़ती थी।

पागलपन हो या अवसाद, उसने अफीम खाना भी सीख लिया था। इधर माँ की अपनी दशा बिगड़ गई थी। वे भी बीमार रहने लगी थीं। राधू का अत्याचार बढ़ता ही जा रहा था।

कभी वह अफीम के लिए लड़ती तो कभी कोई और उपद्रव कर बैठती। एक दिन तो उसने की पीठ पर बड़ा सा बैंगन दे मारा। माँ ने अपने पाँवों की धूल उसके माथे पर लगाकर कहा—'ठाकुर ने इस शरीर को कभी कड़ा शब्द तक नहीं कहा और तुम लोग मुझे कितना कष्ट दे रहे हो। तुम क्या जानो कि मैं यहाँ क्यों हूँ।'

धीरे-धीरे माँ का मन राधू से हटने लगा। भक्त भी जानते थे कि जब श्रीमाँ का मन राधू से उठ जाएगा तो वे भी इस संसार में नहीं रहेंगी। क्रमशः यही विधान फलीभूत होने लगा।

लीलामयी की लीला सिमटने लगी थी। राधू का श्रीमाँ के प्रति व्यवहार भी रुखा हो गया था। वह उन्हें गालियाँ बकती, अवज्ञा करती व हाथ तक उठा देती।

रामकृष्णजी, जो गुरुतर भार माँ को सौंप गए थे, वे उसकी पूर्ति के पश्चात् जीना नहीं चाह रही थीं। रोग जर्जर शरीर, पारिवारिक वैमनस्य, संतान-भक्तों का दुःख अपने सिर लेने की प्रवृत्ति, कुल मिलाकर प्रस्थान की तैयारी हो रही थी।

एक दिन तो राधू ने सीमाएँ ही तोड़ दीं। वह माँ के साथ एक गाड़ी में जा रही थी। उसने माँ को पैरों से धकेल-धकेल कर गाड़ी से उतारना शुरू कर दिया। श्रीमाँ घबरा गईं। झट से अपने चरणों की धूल उसके माथे से लगाकर बोलीं—'यह क्या किया राधी, यह क्या किया?'

उस पर राधी की माँ का अत्याचार भी कौन सा कम था! एक बार पगली भाभी राधू के आभूषण ले अपने मायके चली गई। वहाँ उन लोगों ने आभूषण ही रख लिए। पहले तो भाभी सिंहवाहिनी के मंदिर में गहनों के लिए रोती

रहीं। फिर उन्हें वहाँ से हटाया गया तो वे श्रीमाँ से कहने लगीं कि उन्होंने राधू के गहने लिए हैं। लाख समझाने पर भी वह टस से मस न हुई।

पगली के मायके वाले आभूषण लौटाने को तैयार न थे। यहाँ तक कि माँ की विनती भी बेअसर रही तो उन्होंने कलकत्ता खबर भिजवा दी। उनके पुत्रों ने गहने वापस लाने में मदद की।

एक के बाद एक परेशानियाँ सहतीं श्रीमाँ व्यथित थीं। पगली भाभी को लगता था कि उन्होंने उसकी बेटी राधू को कुछ खिलाकर अपने वश में कर रखा है। वे राधू के लिए कुछ बचाकर नहीं रखतीं। सब अपने रिश्तेदारों में बाँट देती हैं, इसलिए मौका पाते ही वह माँ को अपशब्द कहने लगती।

माँ ने बड़े ही मार्मिक शब्दों में उससे कहा था कि यदि वे चाहें तो पलभर में सबकी माया तोड़ सकती हैं। बस ठाकुरजी की आज्ञा से बँधी बैठी हैं। पगली नित नए-नए स्वाँग रचती। एक दिन रोने-पीटने लगी कि राधू का पति नदी में डूब मरा। माँ भी एकदम घबरा गईं। नदी तक आदमी दौड़ाए गए। उन्होंने आकर कहा कि मन्मथ तो बनिए की दुकान पर बैठा ताश खेल रहा है। उसे कुछ नहीं हुआ। यह सुनकर माँ के जी में जी आया।

पगली ने तो जैसे उनके प्राण ही ले लिए थे। एक दिन पगली लकड़ी लेकर उन्हें मारने के लिए दौड़ी। माँ चीख उठीं—'छि: पगली। क्या किया, तेरा वह हाथ अब कहाँ रहेगा।'

इसके बाद माँ अपने ही शब्दों पर फूट-फूट कर रोईं। उनकी मृत्यु के कुछ समय बाद ही पगली भाभी का हाथ कुष्ठ रोग से गलकर खत्म हो गया।

श्रीमाँ ने अंतिम अवस्था में स्वेच्छा से लिए गए सारे बंधन तोड़ दिए थे। जिस राधू की सुख-सुविधा के लिए वे व्याकुल रहती थीं। जिस राधू पुत्र के अन्नप्राशन का समारोह धूमधाम से मनाया था। उन्हें ही वे अब देखना नहीं चाहती थीं।

एक दिन उन्होंने एक भक्त से कहा—'बेटा! लगता है कि ठाकुर ने इस शरीर से जो काम लेना था, वह ले लिया है। देखो न, जिस राधू के लिए इतना

करती थी। वही सामने आती है तो झंझट सा लगता है। सोचती हूँ कि वह सामने आकर मेरे मन को अपनी ओर खींचने की कोशिश क्यों करती है। ठाकुर ने अपने काम के लिए ही मेरे मन को उसके सहारे टिका रखा था। अन्यथा उनके जाने के बाद क्या मेरा रहना संभव हो पाता।'

श्रीमाँ ने देहत्याग से कुछ दिन पहले राधू को बुलाकर कहा—'यूँ यहाँ मत रुक। जयरामवाटी चली जा।' सभी हैरान थे। राधू के बिना माँ रहेंगी कैसे? उन्होंने पूछा तो वे बोलीं—'हाँ, उस पर से मन हटा लिया है। उसे अपना जीवन जीने दो। मुझे मेरे रास्ते चलने दो।'

भक्तगण ने पूरी चेष्टा की कि राधू की तरफ उनका झुकाव लौट आए, किंतु माँ तो जैसे सब तय कर चुकी थीं। राधू व नलिनी आदि जयरामवाटी नहीं गए, उन्हें लगा कि माँ की बीमारी में उन्हें छोड़कर जाना ठीक नहीं। एक-दो दिन में सबको स्पष्ट हो गया कि माँ ने सबको भेजने की जो बात कही थी। उसके पूरा न होने से वे अप्रसन्न हैं। अंततः उन्होंने कह दिया—'वे नहीं गईं तो कोई बात नहीं, परंतु मेरे पास न आएँ। मैं उनकी छाया तक नहीं देखना चाहती।'

राधू के बच्चे पर ममता न्योछावर करनेवाली माँ ने सबसे मोह का नाता तोड़ लिया था। एक दिन वह घुटनों के बल चलते-चलते उनकी छाती पर आ बैठा। उन्होंने उसे देखकर कहा—'तुम सबकी माया काट चुकी हूँ। बस अब और नहीं।'

यह सुनकर तो महिला भक्त व सेवक रो दिए। माँ उनसे दूर जा रही थीं।

अपनी दुलारी राधू से माँ ने एक बार कहा था—'तिनके की तरह काट दिया है। अब तू मेरा क्या कर लेगी? मैं क्या मनुष्य हूँ।'

राधू के साथ उनका यही अंतिम वार्त्तालाप था।

□

दीक्षादायिनी माँ

माँ अपनी संतानों के शारीरिक, मानसिक व आध्यात्मिक पक्षों का कल्याण करती थीं। ठाकुर ने जाने से पहले भक्तों को काफी हद तक माँ के दिव्य रूप का ज्ञान करवा दिया था। किंतु उनके जाने के बाद उचित रूप में माँ का ज्ञानदायिनी रूप प्रकट हुआ। किसी भक्त ने स्वप्न में माँ को देवी रूप में देखा तो किसी को दस-बारह वर्ष पूर्व स्वप्न में दिखी मूर्ति का स्मरण हो आया। माँ, भक्तों को दीक्षा देने की कृपा करने लगीं।

यद्यपि वे जानती थीं कि भक्त दीक्षा लेने के बाद भी, नित-नेम से जपादि नहीं करते, किंतु उन्होंने तो जैसे सबका भार अपने ही कंधों पर ले लिया था। वह स्वयं दिन-रात अखंड जप में लीन रहतीं। उनके सांसारिक कार्यों के बीच भी जप निरंतर चलता। माँ के दीक्षित भक्त उनसे ठाकुर के सिद्ध मंत्र पाते थे।

एक बार किसी ने माँ से पूछा था—'माँ! यदि माँ-काली, माँ-काली ही जप लें व मंत्र न जपें तो ठीक रहेगा। मंत्र का क्या प्रयोजन है?'

माँ ने उत्तर दिया—'पुत्र! मंत्र-जाप से देह शुद्ध होती है। प्रभु का मंत्र जपने से मनुष्य का मन पवित्र हो जाता है। हमें इस देह-शुद्धि के लिए मंत्र अवश्य जपना चाहिए। यदि नियमित समय पर प्रतिदिन जप-ध्यान कर सकें तो बहुत अच्छा होगा।'

किसी भक्त को केवल मंत्रजाप का आदेश मिलता तो किसी को गीता

से रोज दो श्लोक पढ़ने को कहा जाता। जैसे जिसके कर्म, वैसा उसका अभ्यास।

कोई-कोई भक्त ऐसे भी आते, जिनके पास कुलगुरु का दीक्षामंत्र होता। तब वे माँ से पूछते—'क्या कुलगुरु का दिया मंत्र छोड़ दें।' तब माँ उन्हें यही परामर्श देतीं कि वे पहले गुरु का दिया मंत्र जपें और फिर माँ के दीक्षित मंत्र का जाप करें, एक भक्त महिला ने माँ से दीक्षा ली तो उसके कुलगुरु रुष्ट हो गए व शाप दे दिया। माँ ने उसे आश्वस्त करते हुए कहा—'वे कुलगुरु ही क्या जो शाप दें। तुम ठाकुर की शरण में हो। कोई भय नहीं है। तुम्हें कोई शाप नहीं लगेगा।'

माँ कृपा का प्रसाद देते समय अपने स्वास्थ्य की भी परवाह नहीं करती थीं। उन्हें दूर-दूर से आने वाले भक्तगण की चिंता अधिक रहती थी। जब वे दक्षिण भारत की यात्रा पर गई थीं तो भाषा का व्यवधान होने पर भी वे सहज में ही दीक्षा मंत्र देतीं।

पतिता स्त्रियाँ भी उनके द्वार से खाली हाथ नहीं लौटती थीं। वे उन्हें बेटी कहकर अपनातीं। बहुत स्नेह से दीक्षा देतीं और इस प्रकार स्नेह के प्रतिदान द्वारा उन्हें कुमार्ग से खींच लातीं।

एक दिन राह में एक कुली ने चरण थाम लिए व रोने लगा—'माँ जाने कब से खोज रहा था। तुम कहाँ थीं?'

माँ ने उसे शांत किया व फूल मँगाया। भक्त ने स्नेह से माँ को पुष्प अर्पित किया व दीक्षा-मंत्र पाया।

एक बार एक कुलवधू ने आकर कहा—'माँ! मैं तीन वर्ष पूर्व आपसे दीक्षामंत्र ले गई थी। रोज जपती भी हूँ, किंतु जानना चाहती हूँ कि कहीं मुझ से मंत्रजाप में कोई गलती तो नहीं होती।'

माँ ने कहा—'बिटिया! तुम्हें क्या मंत्र दिया था, वह तो याद नहीं पर तुम कुछ मत बताओ, मैं ठाकुर से ही पूछ आती हूँ।'

ठाकुर घर से लौटकर माँ ने जो मंत्र बताया, वह वही मंत्र था जो

कुलवधू को वर्षों पहले दिया गया था।

माँ ने बालकों को भी दीक्षा दी थी। उनके पास कुछ भक्त बालक भी आए जो उनकी कृपा का प्रसाद चाहते थे। उनका प्रबल आग्रह देख माँ स्वयं को रोक न सकीं व उन्हें भी दीक्षा-मंत्र दिया।

माँ आधार के अनुसार विभिन्न शिष्यों को विभिन्न मंत्र देती थीं। दीक्षा पाते ही साधक विभिन्न प्रकार की अनुभूतियाँ पाते थे। माँ ने गुरु के रूप में भक्तों के इहकाल व परकाल का भार अपने ऊपर ले लिया था।

इतना सब होने पर भी माँ प्रत्यक्षतः स्वयं को प्रकट नहीं करना चाहती थीं। उनके अंतकाल के समीप एक भक्त महिला आकर प्रशंसा करने लगी—'माँ तुम ही जगदंबा हो। सब पर दया करती हो।'

सुनते ही माँ ने डपटा—'माँ जगदंबा-जगदंबा कहती हो, ठाकुर ने चरणों में स्थान दिया है तो धन्य हुई हूँ, अन्यथा मैं क्या?'

श्री रामकृष्णजी के देह-त्याग के बाद माँ स्वयं को बहुत अकेला पा रही थीं। वृंदावन में माँ को रामकृष्ण जी का भावावेश हुआ और वे उसी में आनंदमग्न रहने लगीं।

एक दिन ठाकुर ने माँ को दर्शन देकर कहा—'मैंने योगेन को दीक्षा नहीं दी। तुम्हें ही उसे दीक्षा देनी होगी। यह मंत्र '....' उसे दे देना।'

माँ इस बात को जानकर भी संकोच में पड़ी रहीं। भला दूसरे क्या कहेंगे कि माँ अभी से चेले बनाने लगीं। दूसरे दिन भी ठाकुर ने दर्शन देकर यही कहा। तीसरे दिन ठाकुर ने यही बात कही तो माँ ने अपनी बात सामने रखी।

'ठाकुर! मैं तो कभी सामने तक नहीं जाती। मैं दीक्षा कैसे दूँगी।'

'तुम योगीन से कहना। वह साथ रहेगी' कहकर ठाकुर चले गए।

उधर योगानंदजी को भी ठाकुर ने दर्शन दिए व माँ से दीक्षा लेने को कहा। योगीन माँ ने योगानंदजी से बात की तो पता चला कि उनके पास ठाकुर का दिया कोई मंत्र नहीं है। वे अपनी इच्छानुसार जप करते हैं। तब माँ ने तय किया कि वे उन्हें दीक्षा देंगी।

पूजा-कक्ष में दीक्षा लेने का प्रबंध हुआ। मंत्र देते समय माँ भावावेश में आ गईं व बहुत तेज स्वर में मंत्र दिया।

कई बार माँ के पास ऐसे भक्त भी दीक्षा की आकांक्षा लिए आ जाते थे, जो देह व मन से शुद्ध नहीं होते थे। संभवतः वे केवल आडंबरवश ही मंत्र चाहते हों। माँ उन्हें टालने का प्रयास करतीं। कभी अस्वस्थ होने का बहाना कर देतीं या कहतीं कि अमुक तिथि को आना। जो लोग सचमुच दिखावा कर रहे होते, वे लौटकर नहीं आते, किंतु कुछ तो हठ करने लगते।

ऐसे में माँ का दायित्व और भी बढ़ जाता। ऐसे ही कुछ भक्तों ने दीक्षा पाने की हठ ठान ली तो माँ ने कहलवाया कि वे तीन दिन वहीं रहें। देह शुद्धि के बाद ही मंत्र-दीक्षा हो पाएगी।

पात्र व परिस्थिति के अनुसार ही माँ का उपदेश भी बदल जाता था। एक बार एक भक्त जयरामवाटी में आकर गहरा जप-ध्यान करने लगा। वह सारा-सारा दिन ध्यानमग्न रहता। उसका यह कठोर श्रम देख माँ ने कहा—'बेटा! माँ जो बैठी है, तुम्हें इतनी जप-साधना करने की आवश्यकता नहीं। मैं हूँ न। खाओ-पीयो और आनंद करो।'

यदि कोई भक्त अज्ञान या आलस्यवश जप-साधना से मुँह मोड़ने लगता तो माँ का उपदेश होता—'तुम संसारी हो। सौ काम-धंधों के बीच अधिक तो नहीं कर पाओगे। अच्छा, एक सौ आठ बार करना काफी होगा।'

किसी-किसी को कठोर तपस्या का निर्देश मिलता—'पुत्र! यही तो साधन-भजन की आयु है। तीस साल की आयु तक जो कर सको, कर लो। इस समय शरीर व मन स्वस्थ तथा सबल है। फिर तो यह शक्ति घटने लगती है।'

□

अंतिम जन्मोत्सव

माँ का शरीर अब उतना स्वस्थ नहीं रहता था, किंतु वे हठवश दिनभर नाना प्रकार के कार्यों में लगी रहतीं। मानो शांत भाव से बैठना तो उन्होंने सीखा ही न था। दूसरों की सेवा में परमानंद पानेवाली श्रीमाँ उन दिनों जयरामवाटी में थीं। उनका जन्मोत्सव मनाने का निश्चय कर भक्तगण वहाँ एकत्र होने लगे। वे 13 दिसंबर को पूजा-अनुष्ठान के साथ माँ का जन्मदिवस मनाना चाह रहे थे। भला माँ को पुष्पांजलि अर्पित करने का यह सुनहरा अवसर कौन छोड़ देता। मातृदर्शन के अभिलाषी गाँव में आ पहुँचे। जो नहीं आ सके, उन्होंने सस्नेह भेंट तथा वस्त्रादि भिजवाए।

माँ ने स्वामी सारदानंदजी के भेजे वस्त्र धारण किए। भक्तों ने सिंदूर व चंदन से उनकी चरणवंदना की। श्रीमाँ का आशीर्वाद पाकर सब अभिभूत हो उठे। ग्रामवासी भी श्रीमाँ के इस समारोह में आए। सबसे तृप्त होकर माँ की जय-जयकार की।

सारे दिन की इस दौड़ धूप ने श्रीमाँ के रोगी शरीर को थका दिया और ज्वर हो गया। गाँव की स्थानीय चिकित्सा से कभी ज्वर तेज हो जाता तो कभी उतर जाता। जरा-सी तबीयत सँभलते ही श्रीमाँ पुनः अपनी दिनचर्या में लौट आतीं। गाँव में उनकी पदधूलि लेने आए भक्तों को वे निराश नहीं लौटाती थीं। दीक्षा पाने के इच्छुक पहले दीक्षा पाते और फिर वे माँ के हाथों प्रसाद पाकर संतुष्ट होते।

सेवक तथा महिला भक्त नहीं चाहते थे कि श्रीमाँ बिस्तर से उठें या

श्रम करें, किंतु माँ को लगता था कि बेचारे भक्त कितनी दूर-दूर से आए हैं। यदि इन्हें यूँ ही लौटा दिया तो जाने कितनों की आस टूट जाएगी।

ज्वर से दुर्बल देह पर अत्याचार बढ़ने लगा तो सेवकों ने तय किया कि वे श्रीमाँ को कलकत्ता ले जाएँगे। वहाँ समुचित चिकित्सा भी हो जाएगी और माँ स्वामी सारदानंदजी का अनुशासन भी मानेंगी।

सारदानंदजी को कलकत्ता खबर भेजी गई, किंतु वे श्रीरामकृष्ण संघ के किसी कार्य से वाराणसी गए हुए थे। वहाँ से लौटते ही उन्हें भुवनेश्वर जाना पड़ा। वह चाहकर भी माँ का समाचार न पा सके। माँ उनकी अनुपस्थिति में कलकत्ता नहीं आना चाहती थीं।

कलकत्ता लौटे तो समाचार पाते ही उन्होंने साथियों को, माँ को लाने भेज दिया। बागबाजार के उद्बोधन मठ में उनको ठहराने की व्यवस्था की गई।

माँ के सेवकों ने सफर के लिए सामान बाँधना शुरू कर दिया। वे हमेशा की तरह गाँव छोड़ने से पहले सिंहवाहिनी को माथा टेकने गईं। लौटीं तो काफी थकी हुई थीं। देह में मानो ताकत समाप्त होती जा रही थी।

यात्रा वाले दिन तालाब पर मुँह-हाथ धोने गईं तो वहीं गिर पड़ीं। उन्होंने नित्य नियम से ठाकुर की पूजा की व भोग लगाया। गाँववाले बोले—'स्वस्थ होकर जल्दी लौटना। हमें भूल मत जाना।'

हर बार माँ कहती थीं—'क्यों! तुम लोगों को क्यों भूलूँगी। जरूर आऊँगी।' लेकिन इस बार तो नया ही उत्तर दिया—'तुम लोगों को तो नहीं भूल सकती। बाकी ठाकुर की इच्छा है।'

बाकी लोग पालकी पर सवार होकर निकले, किंतु वे गाँव में वाहन पर सवार नहीं होती थीं, क्योंकि वहाँ उनकी माँ सिंहवाहिनी जो थीं।

श्रीमाँ गाँव के एक-एक कोने को निहार रही थीं। मानो उनसे अंतिम बार मिल रही हों। जैसे वे जानती थीं कि अब वहाँ लौटना नहीं हो पाएगा।

उन्होंने संबंधियों से विदा ली। अपने अनुचरों को वस्त्रादि दिए। सभी

उनके व्यवहार का एक परिवर्तन लक्षित कर रहे थे, किंतु कोई भी उस परिवर्तन का कारण नहीं जान पाया।

कोआलपाड़ा में विश्राम के लिए यात्रा-दल रुका। वहाँ उन्होंने कुछ समय विश्राम किया। उन्हें अगले दिन निकलना था। वहाँ भी सबको अपने मन से कुछ न कुछ भेंट दी। आश्रमवासी कुछ नहीं समझ सके।

वे पालकी पर सवार होने लगीं तो गगन महाराज से बोलीं—'बेटा, शरत रहा।'

इस असंबद्ध से वाक्य का अर्थ कोई समझ नहीं पाया। वैसे भी माँ से विदा के वे क्षण इतने मार्मिक थे कि इस ओर किसी का ध्यान ही नहीं गया।

सेवक तथा महिला भक्तों ने सफर में माँ का पूरा ध्यान रखा, किंतु माँ की दुर्बलता बढ़ती ही गई। जब वे कलकत्ता पहुँचीं तो सब उनकी बुरी दशा देखकर चौंक गए। उनके अस्थिपंजर हो चुके शरीर को देखते ही गोलाप माँ बोलीं—'ये क्या। माँ का क्या हाल बना दिया। हम नहीं जानते थे कि माँ इस दशा में हैं।'

अगले ही दिन से चिकित्सा, दवाओं, थर्मामीटर, काढ़े व परहेज का जो सिलसिला शुरू हुआ, वह माँ की अंतिम साँस तक चलता रहा, किंतु लीलामयी को कोई रोक नहीं पाया।

□

चिरसमाधि

'माँ का ज्वर उतरने का नाम ही न लेता था। कितनी प्रकार की दवाएँ दी जा चुकी थीं, किंतु सब निष्फल हो रहा था। दिन पर दिन देह क्षीण होती जा रही थी।'

संतानें जानती थीं कि दुनिया भर के लोगों को दीक्षा देकर, माँ उनका पाप अपने सिर ले लेती हैं। तभी तो इतना कष्ट भोग रही हैं। एक भक्त ने उनकी पीड़ा से विगलित होकर कहा कि वे अपना रोग उसे दे दें। सुनते ही माँ चिहुँक पड़ीं—'क्या कहते हो, पुत्र! तुम्हें अपना रोग दूँगी तो मेरी पीड़ा और भी बढ़ जाएगी। भला माँ भी कभी संतान का कष्ट देख सकती है।'

आयुर्वेदिक चिकित्सा से ज्वर में कुछ कमी आई तो सबके जी में जी आया। थोड़ा सँभलते ही माँ अपने घर-परिवार को लेकर मग्न होने लगीं। किसने भोजन नहीं किया, कोई मिलने आया था और बिना मिले लौट गया, किसे प्रसादी भेजनी है, किसे दीक्षा देनी आवश्यक है और राधू की चोट डॉक्टर को दिखानी ही पड़ेगी जैसे नाना कार्य।

कुछ ही दिन में फिर से ज्वर का प्रकोप होने लगा। संतानों से यह दुःख देखा नहीं जाता था। प्राणप्रिया माँ बिछौने पर बेसुध पड़ी रहतीं। उन्हें एक दिन जागता देख, एक पुत्र ने कहा—'माँ! ठाकुर से कहिए कि आपको स्वस्थ कर दें। वे आपका कहा नहीं टालते।'

'पुत्र! पहले-पहल गाँव में ज्वर से पीड़ित होने पर उन्हें स्मरण करती थी तो दर्शन पाती थी। अब जब कभी इसी कारण से उन्हें याद करती हूँ तो वे दर्शन

नहीं देते। लगता है कि मैंने ठाकुर का जो कार्य करना था, वह समाप्त हो गया है।'

यह आभास मन में आते ही श्रीमाँ ने अपनी योगमाया से भी मन उठा लिया। जिस राधू व उसके पुत्र को देखे बिना उनके गले से कौर नहीं उतरता था, उसे ही गाँव भेज देने का आदेश दे दिया।

अब वे परिवार में घट रहे मंगल अथवा अमंगल से विरक्त हो गई थीं। माँ के भाई वरदा चल बसे। वे केवल शोक मात्र प्रकट कर शांत ही रहीं। संभवत: मोह के बंधन एक-एक करके कट रहे थे।

माँ ज्वर की तेजी में बार-बार गंगाजी ले जाने को कहतीं। वे कहतीं—'गंगा किनारे ले चलो। वहीं जाकर शीतल हो जाऊँगी।'

डॉक्टरों ने किसी भी दशा में स्थान न बदलने दिया। उन्होंने इतना संकेत अवश्य दे दिया कि जो श्रीमाँ से अंतिम भेंट करना चाहें, उन्हें समाचार भेज दिया जाए।

माँ के हाथ-पैरों में सूजन आ गई। सारदानंदजी ने हर तरह की चिकित्सा के अतिरिक्त धार्मिक अनुष्ठान भी करवाए, किंतु माँ को रोकना अब किसी के वश में नहीं था।

माँ निरंतर समाधि में लीन रहतीं। जितने भी प्रियजन थे, उन्हें कमरे में भी आने की मनाही थी। चिरसमाधि में लीन होने से लगभग एक सप्ताह पूर्व उन्होंने शरत महाराज को बुलवाया और बाहर की ओर संकेत कर कहा—'शरत, ये रहे…'

माँ ने शरत को सब भार सौंप दिया। यह समाचार सब ओर फैल गया। अपनी दु:खी संतानों के प्रति माँ के अंतिम शब्द थे—'बेटा, ठाकुर हैं, मैं हूँ, फिर भय कैसा…'

21 जुलाई, 1920 माँ ने अपनी देहलीला संवरण की। बागबाजार मठ से बेलुड़ मठ तक शव की शोभायात्रा निकाली गई। स्त्री भक्तों ने मठ के सामने गंगा में माँ को अंतिम स्नान करवाया। मठ के प्रांगण में ही उनका अंत्येष्टि संस्कार हुआ। उसी पवित्र स्थान पर बना 'मातृमंदिर'। जो आज भी आर्त संतानों को अभय देता प्रतीत होता है। □

परिशिष्ट

श्रीमाँ व पुत्र नरेन

स्वामी विवेकानंदजी ही श्रीमाँ के लाडले पुत्र नरेन थे। मानो पहली ही भेंट में श्रीमाँ ने जन्म-जन्मांतर के उस पुत्र को पहचान लिया था। रामकृष्ण परमहंस, जिस प्रकार नरेन को देख भावविभोर हो उठे थे। उसी तरह श्रीमाँ भी नरेन को सच्चे हृदय से चाहने लगीं। पहली ही भेंट में उन्होंने सस्नेह नरेन के लिए भोजन पकाया व उन्हें बड़े जतन से खिलाया था।

नरेन भी श्रीमाँ से बहुत स्नेह करते थे। दक्षिणेश्वर में जब वे रामकृष्णजी से मिलने आते तो माँ को प्रणाम करना न भूलते। कभी-कभी श्रीमाँ से ग्रंथों व शास्त्रों में लिखी बातों का वर्णन करने लगते तो कभी उनसे अतीत की चर्चा करते। एक दिन उन्होंने कहा था—'माँ! अगर ठाकुर न मिलते तो मेरा क्या होता। वे मन की क्षुधा मिटाते हैं और आप रसना की। साक्षात् अन्नपूर्णा के हाथ का बना भोजन पाकर मन तृप्त हो जाता है।'

श्रीमाँ उनकी सभी बातें सुनतीं व आत्मविभोर हो जातीं। रामकृष्णजी दक्षिणेश्वर आनेवाले प्रत्येक व्यक्ति से माँ का परिचय नहीं करवाते थे। किंतु नरेन तो जैसे दोनों की आँखों का तारा बन गए थे। रामकृष्णजी ने स्वयं माँ के सम्मुख स्वीकारा था कि नरेन ने उनके हृदय पर एकछत्र राज किया है। वे अपनी समस्त साधनाओं का फल उसे ही सौंप देंगे।

नरेन के आने का समाचार पाते ही माँ चने की दाल चढ़ा देतीं। उन्हें पता था कि पुत्र को चने की दाल के साथ मोटी रोटी पसंद है। रामकृष्णजी

के कहलाने से पहले ही भोजन का प्रबंध हो चुका होता। उन्होंने श्रीमाँ से भी कह दिया था कि 'नरेन तेरा पुत्र है, जब तक वह रहेगा, तू उसे अपने मातृत्व से सराबोर करती रहना।'

देह-त्याग से पूर्व रामकृष्णजी ने नरेन से कहा—'आज मैंने तुझे अपना सब कुछ दे दिया, अब मैं एक फकीर हूँ। जिसके पास कुछ नहीं बचा। इस शक्ति से तुम संसार में असंख्य अच्छे कार्य करोगे।'

गुरु ने नरेन को अपने सभी शिष्यों का कार्य-भार सौंपा था। गुरु के जाने के बाद स्वामीजी श्रीमाँ को ही अपनी मार्गदर्शिका मानते रहे।

हिमालय यात्रा के लिए निकलने से पहले उन्होंने माँ शारदा का आशीर्वाद लिया। उनसे परिव्राजक बनने की अनुमति ली। संन्यास लेने के पश्चात् वे स्वामी विवेकानंद कहलाने लगे। श्रीमाँ यह जानकर बहुत प्रसन्न होती थीं कि वे रामकृष्णजी के विचारों व आदर्शों का पूरे देश में प्रचार-प्रसार कर रहे थे।

जाने से पूर्व वे माँ से मिलने पहुँचे। उन दिनों माँ घुषुड़ी में किराए के मकान में रह रही थीं। उन्होंने माँ से कहा—'यथार्थ में मनुष्य बनकर लौटा तो ठीक, अन्यथा यह अंतिम दर्शन है।'

'यह क्या कहते हो!'—माँ ने कहा।

स्वामी जी सँभलकर बोले—'नहीं, नहीं माँ! मैं शीघ्र ही लौटूँगा।'

रामकृष्णजी नरेन का संगीत सुनकर मग्न हो जाते थे। वे कहते थे—'नरेन का गाना सुनकर इस शरीर के भीतर रहनेवाला फन उठाकर नाचने लगता है।'

उसी प्रकार माँ को भी नरेन का संगीत विशेष रूप से प्रिय था। वे अकसर नरेन के उस भजन को याद करतीं, जो उसने उन्हें एक दिन सुनाया था।

पाश्चात्य यात्रा लगभग तय थी। धन भी संग्रह हो गया था, किंतु स्वामीजी श्रीमाँ की आज्ञा के बिना आगे नहीं बढ़ना चाहते थे। उन्हें वह एकत्रित धन लेने में भी संकोच हो रहा था। उन्होंने माँ से आशीर्वाद माँगते हुए गुप्त रूप से एक पत्र लिखा। श्रीमाँ ने तत्काल उत्तर नहीं दिया, क्योंकि वे चाहती थीं

कि स्वयं ठाकुर ही दिशा निर्देश दें।

एक रात उन्होंने स्वप्न देखा—ठाकुर समुद्र की तरंगों से पार जा रहे हैं तथा नरेन को पीछे आने का संकेत कर रहे हैं। इस स्वप्न का संकेत जानकर ही उन्हें आभास हो गया कि ठाकुर ही नरेन को युगधर्म-संस्थापन के लिए ले जा रहे हैं। श्रीमाँ का स्वीकृति सूचक पत्र पाते ही स्वामीजी उत्साहित हो उठे।

माँ ने लिखा था—

'पुत्र! विश्वविजयी होकर लौटना। तुम्हारे मुख में सरस्वती विराजमान हो।'

स्वामीजी ने अमेरिका से अपने गुरुभाई को पत्र में लिखा था—'मैंने परम पूजनीया माताजी के लिए मकान बनाने का संकल्प ले लिया है, क्योंकि महिलाओं को उसकी पहले जरूरत है। मैं कुछ धन भेज रहा हूँ। माँ के जीवन का विलक्षण महत्त्व तुम लोग अभी जान नहीं सकते हो, परंतु धीरे-धीरे जान पाओगे कि शक्ति के बिना संसार का उद्धार नहीं हो सकता। हमारे देश में अनुपम शक्ति के जागरण के लिए ही माँ का जन्म हुआ है। उन्हें केंद्र बनाकर ही पुनः संसार में मैत्रेयी व गार्गी का जन्म होगा।

विदेशों में शक्ति की उपासना तो है, किंतु वे उसकी उपासना इंद्रियभोग द्वारा करते हैं। फिर कल्पना करो कि जो पवित्रता से सात्त्विक भाव द्वारा माता के रूप में उसे पूजेंगे, उनका कितना कल्याण होगा। धीरे-धीरे सब समझ रहा हूँ।

अंतर्दृष्टि का विकास हो रहा है, अतः हमें माँ का मठ पहले बनाना चाहिए।

मेरे लिए माँ की कृपा पिता की कृपा से लाखों गुना अधिक मूल्यवान है। माँ की कृपा माँ का आशीष मेरे लिए सर्वश्रेष्ठ है। कृपया क्षमा करना, मैं माँ के विषय में कट्टर हूँ। यदि माँ की आज्ञा हो तो उनके भक्त कुछ भी कर सकते हैं। अमरीका प्रस्थान से पूर्व मैंने उनका आशीर्वाद माँगा था। उनका आशीर्वाद पाते ही मैंने एक ही छलाँग में समुद्र पार कर लिया।

मैं इस विकट शीतकाल में जगह-जगह भाषण दे रहा हूँ। विषम बाधाओं

से लड़ रहा हूँ ताकि माँ के मठ के लिए धन एकत्र हो सके।

जैसे ही तुम माँ के लिए भूमि ले लोगे। मैं सीधा भारत के लिए चल दूँगा। जमीन का टुकड़ा बड़ा होना चाहिए। आरंभ में मिट्‌टी का घर रहने दो। फिर मैं सुंदर भवन बनवा दूँगा।'

स्वामीजी विदेशों में रहने पर भी निरंतर पत्रों द्वारा श्रीमाँ का आशीर्वाद पाते व उनकी कुशल-क्षेम जानते रहे। उन्होंने एक दिन के लिए भी श्रीमाँ के प्रति अपने कर्तव्य तथा स्नेह में कमी नहीं आने दी।

जब स्वामीजी विदेश से लौटे तो सबसे पहले माँ को प्रणाम करने गए। श्रीमाँ के लिए पुत्र की यह विश्वविजय बहुत बड़ी उपलब्धि थी। स्वामीजी ने मठ की नई भूमि ली तो माँ ने स्वयं वहाँ जाकर निरीक्षण किया। वे माँ के आगमन मात्र से आनंदित हो उठे तथा भावी अमंगल अथवा बाधा का भय जाता रहा।

रामकृष्ण संघ की भूमि पर निर्माण कार्य हो या उसका कोई उत्सव; रामकृष्णजी का जन्मोत्सव हो या कोई पूजन-आयोजन। माँ की अनुमति के बिना स्वामीजी कोई कदम नहीं उठाते थे।

जब बेलुड़ मठ में प्रतिमा निर्मित कर दुर्गा-पूजन किया गया। तब माँ को नीलांबर मुखर्जी के घर में ठहराया गया। बड़ी धूमधाम से देवी का बोधन उत्सव संपन्न हुआ।

माँ के नाम से ही देवी पूजन का संकल्प लिया गया। उन दिनों माँ आनंदमयी शारदा के आगमन से मानो मठ में आनंद की एक नई धारा प्रवाहित हो गई थी।

श्री सुरेंद्रकुमार सेन, स्वामी विवेकानंदजी से दीक्षा लेने के इच्छुक थे। स्वामी जी ने उनका आग्रह देखकर तिथि निश्चित कर दी। सुरेंद्रकुमार आलम बाजार मठ में निर्धारित समय पर पहुँच गए। स्वामीजी पूजागृह में जाकर ध्यानमग्न हो गए। कुछ देर बाद बाहर आए व कहा—'ठाकुर ने कहा है कि मैं तेरा गुरु नहीं। उन्होंने मुझे दिखा दिया कि जो तुझे दीक्षा देंगे, वे मुझसे भी कहीं श्रेष्ठ हैं। तू हताश न हो, समय आने पर सब ठीक होगा।'

सुरेंद्रबाबू बड़े दुखी हुए। उन्हें लगा कि उन्हें अयोग्य जानकर ही दीक्षा

नहीं दी जा रही।

इसके बाद उन्होंने सपने में देखा कि रामकृष्णजी की गोद में बैठे हैं और एक देवी मूर्ति ने उनसे कहा—'मैं सरस्वती हूँ। मुझसे मंत्र ले लो।'

फिर देवी ने मंत्र जाप का तरीका भी बता दिया। सुरेंद्रबाबू ने विवेकानंदजी को यह सब बताया तो उन्होंने तसल्ली दे दी कि तुम्हें स्वप्न सिद्धि हो गई। यही तुम्हारा इष्टमंत्र होगा।

स्वामीजी ने उन्हें आश्वस्त किया कि वे एक दिन उस देवी के दर्शन अवश्य पाएँगे। उन्हें मंत्र का जाप करते रहना चाहिए। सुरेंद्रबाबू ने मंत्र जाप नहीं किया। उस घटना को 12 वर्ष बीत गए। एक बार उनके मन में जयरामवाटी तथा कामारपुकुर के दर्शन की तीव्र इच्छा उत्पन्न हुई। वे माँ के पास पहुँचे तथा दीक्षा देने को कहा।

माँ ने पूजाघर में दीक्षा देने की व्यवस्था की। ज्योंही उन्होंने मंत्र दिया तो सुरेंद्रबाबू के आश्चर्य की सीमा न रही। यह तो वही मंत्र था, जो वर्षों पहले सपने में देवी से पाया था।

स्वामी विवेकानंद विदेशों में कठोर परिश्रम करते हुए नाना प्रकार के कष्ट सहकर भी रामकृष्ण संघ व उसके शिष्यों का हित साध रहे थे। एक दिन माँ को उनका वहाँ से भेजा गया पत्र पढ़कर सुनाया गया तो माँ ने आशीर्वाद देते हुए कहा था—'नरेन, ठाकुर के हाथ का यंत्र है। वे अपने पुत्र व भक्तों द्वारा जगत् का कल्याण कराएँगे, इसलिए उसने यह सब लिखा है।'

विवेकानंदजी विदेश से लौटे तो विदेशी भक्त व महिला भक्त भी साथ थे। कट्टर धर्मपरायण हिंदू समाज में विदेशियों का आना, एक नवीन घटना थी। माँ ने स्वयं स्वामीजी की विदेशी महिला भक्तों के साथ भोजन किया व उन्हें आशीर्वाद भी दिया। इस प्रकार उन्होंने मुँह से कुछ न कहते हुए भी उन्हें अपने समाज में समादृत किया।

विवेकानंदजी पत्र द्वारा किसी मित्र को यह सूचना देते हुए प्रसन्नता प्रकट की। उसे बताया कि श्रीमाँ का यह व्यवहार दिखने में भले ही सहज दिखे, किंतु यह एक बड़ी तथा नवीन परंपरा का सूत्रपात था।

नरेन की शिष्याएँ माँ की अपनी पुत्रियाँ थीं। भाषा का व्यवधान होने

पर भी संकेत मात्र से सब बात हो जाती। बाद में कुछ शिष्याओं ने बांग्ला सीख ली तो उनके बीच संप्रेषण भी सहज हो गया। यद्यपि हिंदू आचार-विचार को माननेवाली कुछ महिला-भक्तों को श्रीमाँ का विदेशियों से मिलना नापसंद था, किंतु श्रीमाँ के लिए सभी बच्चे एक समान थे, फिर चाहे वे देशी हों या फिर विदेशी।

स्वामी विवेकानंदजी विदेश यात्रा से लौटकर श्री अमरनाथ व माँ क्षीरभवानी के दर्शनों को गए। उस समय वे अस्वस्थ थे। महाष्टमी की पूजा के दिन वे माँ को प्रणाम करने पहुँचे। माँ ने स्नेह से मस्तक पर हाथ रखकर आशीर्वाद दिया। स्वामी जी मृदु हास्य से बोले—'माँ कश्मीर में फकीर का चेला मुझसे मिलने आता था। इससे चिढ़कर उसने मुझे कहा कि मुझे पेट का रोग होगा और तीन दिन के भीतर-भीतर मुझे वह स्थल छोड़ना होगा। उसका शाप फलीभूत होकर रहा। मुझे रोगग्रस्त होकर वह स्थान छोड़ना ही पड़ा। ठाकुर कुछ भी न कर सके।'

श्रीमाँ भी पुत्र के विनोदी स्वर को पहचान गईं। उन्होंने उत्तर दिलवाया—'बेटा! विद्या तो माननी ही पड़ती है। ठाकुर किसी को तोड़ने थोड़े आए थे। वे तो हर तरह का शकुन भी मानते थे। कहते हैं कि शंकाराचार्य ने भी अपने शरीर में रोग को आने दिया था। चचेरे भाई के शाप से ही ठाकुर के मुँह से भी खून निकला था। तुम्हारे शरीर में रोग आए या ठाकुर के शरीर में बात तो एक ही है।'

स्वामीजी फिर से हँसे—'जो भी कहो, माँ! ठाकुर के वश में कुछ नहीं है।'माँ ने कहलवाया—'पुत्र! जो मरजी कहते रहो। तुम्हारी तो चोटी वहीं बँधी है।'

स्वामी जी ने हँसते-हँसते माँ की पगधूलि ली और वहाँ से विदा हो गए। सुनने वालों ने चाहे जो भी सुना, किंतु माँ-पुत्र तो इस वार्त्तालाप का मर्म जानते ही थे।

स्वामीजी के लिए श्रीमाँ साक्षात् जगदंबा थीं और उनके मुख से निकले शब्द ब्रह्मवाक्य। माँ की कही बात वे कभी नहीं टालते थे। वे दूसरे संन्यासियों को भी सदा यही शिक्षा देते थे कि वे माँ के मतानुसार ही चला करें।

एक बार बेलुड़ मठ में एक उड़िया नौकर काम करता था। उसे चोरी के अपराध में पकड़ा गया तो स्वामीजी ने आश्रम से निकाल दिया। निर्धन व्यक्ति था, उसी की कमाई से घर चलता था। वह सीधा माँ की शरण में जा पहुँचा। माँ ने पहले उसे आश्वस्त कर भोजन करवाया।

संध्या समय स्वामी प्रेमानंदजी आए तो माँ ने उनसे कहा—'तुम संन्यासी सांसारिक बातें क्या जानो। परिवार के भरण-पोषण के लिए ही इसने चोरी की। फिर से ऐसा नहीं करेगा। इसे फिर से काम पर रख लो।'

स्वामीजी ने कहा कि स्वामी विवेकानंद जी ऐसा करने से रुष्ट होंगे, किंतु माँ के आग्रह पर वे उसे ले गए। स्वामी विवेकानंद ने नौकर को फिर से वहाँ देखा तो प्रेमानंदजी को डाँटने लगे, लेकिन माँ का नाम सुनने के बाद एक शब्द तक नहीं बोले। नौकर फिर से बहाल हो गया। भला पुत्र माँ की आज्ञा टाल सकता था।

स्वामी विवेकानंदजी का माँ के विषय में कहना था—'हमारी माँ आध्यात्मिक शक्ति का एक विशाल आधार हैं, परंतु बाहर से एक गहरे समुद्र की भाँति शांत हैं। उनके आगमन के साथ भारतीय इतिहास में एक नए युग का शुभारंभ हुआ है। उन्होंने जिन आदर्शों को सिखाया और अपने जीवन में क्रियान्वित किया है। वे न केवल भारतीय नारियों के उद्धार के प्रयासों को आध्यात्मिक शक्ति प्रदान करेंगे, अपितु विश्व की समस्त नारियों के हृदय तथा मन में प्रवेश कर उन्हें प्रभावित भी करेंगे।'

स्वामीजी ने अल्पायु में ही इस संसार से विदा ली, किंतु क्या कभी माँ अपने पुत्र को भुला सकीं। उनके कक्ष में नित्य पूजित चित्रों में एक चित्र स्वामी विवेकानंद जी का भी था। वे कहती थीं—'नरेन तो मानो म्यान से निकली नंगी तलवार थी। उसने विलायत से लौटकर कहा था, माँ आपके आशीर्वाद से मैं जहाज पर चढ़कर उन लोगों के देश गया था। वहाँ तो मैंने ठाकुर की अपार महिमा देखी। कितने सज्जनों ने मुझसे ठाकुर की बातें सुनकर उनका भाव ग्रहण किया।'

□

श्रीमाँ व पुरुष भक्त

श्रीमाँ प्रारंभ में पुरुष भक्तों को दर्शन नहीं देती थीं। वे लोग सीढ़ी पर सिर रखकर प्रणाम करते। नौकरानी संदेश देती कि अमुक प्रणाम कर रहे हैं तो माँ उसके साथ आशीर्वाद कहला देतीं। कालांतर में माँ के मातृत्व का ऐसा विकास हुआ कि संतान भक्तों को माँ के दर्शन मिलने लगे। माँ स्वयं उनके सुख-दुःख व हित-अहित का एक अटूट अंग बन गईं।

पहले-पहल भक्तों ने भी माँ को गुरु-पत्नी के रूप में ही ग्रहण किया था। फिर वे उन्हें अपनी माँ मानने लगे और तदनंतर माँ जगदंबा के रूप में पूजने लगे। ऐसी अनेक घटनाएँ घटीं, जिन्होंने उनके सामने माँ की महिमा उजागर कर दी, जिसे माँ सदा छिपाए रखती थीं। यहाँ हम माँ के कुछ भक्तों की चर्चा करेंगे। जिन्होंने सदा माँ को सगे पुत्रों-सा स्नेह किया व उनके लिए कुछ भी करने को तत्पर रहे।

एक थे नाग महाशय, पूरा नाम था श्री दुर्गाचरण नाग। उनकी मातृभक्ति इतनी प्रबल थी कि श्रीमाँ को उन्हें साक्षात् दर्शन देना पड़ा। उन्होंने सीढ़ियों पर माथा पटक-पटक कर माथा सुजा लिया था। माँ एकादशी का आहार ले रही थीं। उन्होंने खाते-खाते पुत्र को भी खिलाना शुरू कर दिया, किंतु वे तो इतने भावमग्न थे कि उनके हाथ से खा भी न सके।

वे जब भी माँ के पास पहुँचते तो मानो बेसुध होते। मुख से माँ व रामकृष्णजी के नाम के सिवा कोई शब्द ही न निकलता। एक दिन सिर पर आमों की टोकरी लिये चले आए। सिर से टोकरी नहीं उतारते थे। मन में यही

इच्छा थी कि माँ को अपने हाथों से खिलाएँ। माँ ने उन्हें अपने पास बुलाया व उनकी हार्दिक इच्छा पूरी की।

श्रीमाँ के प्रति नाग महाशय की आस्था व श्रद्धा बहुत प्रबल थी। माँ ने एक बार उन्हें वस्त्र दिया था। वे उसे पहनने की बजाए पूरे मान से सिर में बाँधे रखते। एक बार माँ ने पत्तल में प्रसाद भिजवाया तो भक्ति की प्रबलता में पत्तल को भी प्रसाद समझकर खा गए।

उनके देहांत के बाद भी माँ उन्हें कभी नहीं भूलीं। उन्होंने अपने शयनकक्ष में उनकी तस्वीर लगा रखी थी। उसे वे नित्य पोंछकर चंदनबिंदु लगाती थीं। एक दिन उन्होंने नागमहाशय को याद करके कहा था—'कितने भक्त आते हैं। उसके जैसा तो एक भी नहीं पाती।'

स्वामी योगानंदजी को माँ स्नेह से 'योगेन' कहती थीं। वे उन्हें अपना भारवाहक मानती थीं। एक दिन उन्होंने कहा था—'बेटा योगेन ने मेरी खूब सेवा की। उसके जैसी सेवा केवल शरत ही कर सकता है।'

योगेन की मृत्यु के बाद शरत ने ही माँ का दायित्व सँभाला था। योगेन ने बारह वर्ष से अधिक समय तक माँ की सेवा की थी। वे कहते थे—'माँ! तुम मुझे 'योगा' कह कर पुकारना।'

योगेन कहीं से चार पैसे भी पा जाते तो उन्हें जोड़कर रख लेते ताकि तीर्थयात्रा के समय माँ के काम आ सकें। ठाकुर ने उन्हें 'अर्जुन' नाम दिया था।

योगेन बीमार पड़े तो श्रीमाँ भी चिंतित हो गईं। योगेन ने अंत समय में भी अपने परिवार से मिलने से इनकार कर दिया। योगेन नहीं रहे तो माँ फूट-फूट कर रोईं। कोई सांत्वना देने गया तो बोलीं—'मेरा योगेन चला गया। अब मुझे कौन देखेगा।'

स्वामी योगानंदजी की प्रत्येक स्मृति से माँ को स्नेह था। उन्होंने माँ के लिए रजाई बनवाई थी। रजाई जीर्ण हो चुकी थी, किंतु माँ उसे धुनवा कर नई नहीं बनवाती थीं, क्योंकि वह योगेन का स्मृति चिह्न थी।

गिरीशचंद्रजी के आगमन के बाद श्रीमाँ ने स्वयं को भक्त-जननी के रूप में प्रकट किया। कहते हैं कि गिरीश ने रामकृष्णजी से अपने यहाँ पुत्र रूप में जन्म लेने की प्रार्थना की थी। यद्यपि रामकृष्णजी सहमत नहीं हुए थे, किंतु उनके देहावसान के बाद गिरीश को पुत्र लाभ हुआ तो वे यही मानने लगे कि ठाकुर ने उनकी प्रार्थना पूरी की है।

बच्चा बहुत ही मधुर स्वभाव का था। श्रीमाँ को भी विशेष रूप से प्रिय था। उसी बच्चे के कारण गिरीश ने माँ के दर्शन पाए। जब उन्होंने पहली बार माँ को प्रत्यक्ष रूप से देखा तो चौंक गए—'हे···माँ तुम।'

उन्हें कई वर्ष पहले की घटना याद आ गई। वे हैजे के कारण मृत्युशय्या पर थे। उन्होंने एक दिन सपने में देखा कि लाल किनारे की साड़ी वाली स्त्री उन्हें प्रसाद खिला रही थी। गिरीश का रोग जाता रहा। आज वर्षों बाद वही स्वप्न वाली देवी, माँ के रूप में प्रत्यक्ष थी।

वे जान गए कि माँ ही नए-नए रूपों में, आज तक उनकी रक्षा करती जा रही हैं। वे उनसे पूछ ही बैठे—'तुम कैसी माँ हो?'

उस दिन श्रीमाँ ने गिरीश को जो उत्तर दिया। उसने मानो दूसरे भक्तों के सम्मुख भी माँ का मूर्तिमान रूप स्पष्ट कर दिया। वे बोलीं—'मैं सच्ची माँ हूँ। गुरुपत्नी नहीं, मुँहबोली माँ नहीं, कहने की माँ नहीं, सचमुच तुम्हारी माँ हूँ।'

सुकवि गिरीशचंद्रजी माँ के साथ जयरामवाटी में रहते व माँ के स्नेह का भरपूर प्रसाद पाते। माँ चुपचाप उनके कितने ही काम कर देतीं पर उन्होंने कभी भी गिरीश को संन्यास लेने की अनुमति नहीं दी।

वे तो अबोध बालक की तरह माँ का गुणगान करते थे। एक दिन उन्होंने सभी भक्त मित्रों को एकत्र किया व माँ के पास जाकर बोले—'क्या तुम कल्पना कर सकते हो कि साक्षात् जगदंबा ही ग्राम्यबाला वेष में हमारे सामने हैं। यही जगजननी, महामाया, महाशक्ति हैं।'

एक और घटना से माँ के प्रति उनके आंतरिक स्नेह का परिचय मिलता था। माँ काफी समय बाद गाँव से लौट रही थीं। भक्त संतानों ने सोचा कि

वे स्टेशन पर माँ से मिलने जाएँगे।

वे लोग वहाँ पहुँचे तो गाड़ी तीन घंटे लेट थी। माँ गाड़ी से उतरीं तो गोलाप माँ ने उन सबको डाँट दिया—'यहाँ माँ का आशीर्वाद पाने के लिए भीड़ मत करो। वे थकी-माँदी आई हैं, जरा विश्राम तो कर लेने दो।'

सभी भक्त चुपचाप चल दिए। वे लोग माँ के घर जाकर बैठ गए। माँ ऊपर कमरे में थीं। इतने में गिरीश बाबू भी दर्शन करने आ पहुँचे। गोलाप माँ उन्हें भी कुछ कहने ही वाली थीं कि वे सबको लेकर ऊपर चल दिए। गोलाप माँ के मना करने पर बोले—'क्या कहती हैं, माँ को तंग करने आए हैं। इतने समय बाद पुत्रों को देख माँ का जी जुड़ाएगा या वे तंग होंगी।'

सब ने प्रणाम कर माँ का आशीर्वाद पाया। बाद में गोलाप माँ ने उनकी शिकायत की तो माँ ने उसे ही समझा दिया कि वे माँ तथा पुत्रों के बीच न आया करें। स्वामी सारदानंदजी, माँ के प्रिय भक्त थे। स्वामी विवेकानंदजी भी विदेश तथा भारत भ्रमण के दौरान माँ की सेवा के विषय में निर्देश देते रहते थे। ऐसे में स्वामी ब्रह्मानंद व सारदानंदजी ही उनका ध्यान रखते थे।

स्वामी सारदानंदजी माँ के उन सेवकों में से थे, जिन पर माँ को पूरा विश्वास था वे उनकी आज्ञा के बिना कहीं नहीं आती जाती थीं। वे कहती थीं—'मेरा झंझट सँभालना आसान नहीं। शरत के सिवा यह कोई नहीं कर सकता।'

माँ प्रत्येक कार्य में शरत की राय लेतीं। रामकृष्णजी के देहावसान के पश्चात् जब उन्हें कामारपुकुर से कलकत्ता लौटने का आग्रह किया गया था तो वे तब तक नहीं आई, जब तक कलकत्ता में सारदानंदजी नहीं आ गए। किसी चिर-परिचित के यहाँ जाने का निमंत्रण हो या राधू के विवाह का आयोजन, माँ की भक्तमंडली का प्रबंध हो या गाँव में उनके विशाल परिवार की समस्याओं का समाधान, सारदानंद जी सब कुछ सँभाल लेते थे।

माँ उनके लिए कहती थीं—'वह तो मेरा वासुकि है। हजार फण लेकर काम करता है। जहाँ पानी चूता है, वहीं छाता लेकर उपस्थित हो जाता है। वह तो मेरे माथे का मणि है। वह जो कहेगा, वही होगा।'

शरत ही माँ के द्वारपाल थे। कोई भी उनसे पूछे बिना माँ तक जाने की अनुमति नहीं पाता था। वे सदा माँ की इच्छानुसार चलते। माँ कब गाँव जाना चाहती हैं। माँ कब किस समारोह में जाएँगी, माँ कब तीर्थयात्रा करेंगी, यह सब लेखा-जोखा वही रखते थे।

इन्हीं नाना प्रकार के कार्यों के बीच वे माँ को अपने संगीत की स्वर लहरियों से भाव-विभोर करना भी नहीं भूलते थे। वे संध्या समय, माँ के आदेश पर उन्हें भजन-कीर्तन आदि सुनाते थे।

माँ का आशीर्वाद तो मानो उनके लिए परमनिधि था। सभी बृहत् पूजा-आयोजनों के बाद माँ सेवा से संतुष्ट हो जातीं तो उन्हें भी तृप्ति मिलती।

उन्होंने माँ की स्वास्थ्य रक्षा का भार भी अपने हाथो में ले रखा था। जब कभी उन्हें लगता कि माँ गाँव की प्रतिकूल परिस्थितियों व कठोर श्रम के कारण बीमार पड़ रही हैं तो वे हठ करके उन्हें कलकत्ता ले जाते व अच्छी-से-अच्छी चिकित्सा तथा सेवा से उन्हें रोगमुक्त कर देते।

बाद में जब कोई माँ से दीक्षा लेने आता था तो उसे भी पहले उनसे पूछना होता था। एक बार माँ किसी बीमारी से उठी थीं। देह में काफी दुर्बलता थी। एक पारसी युवक ने दीक्षा चाही तो उन्होंने कहा कि 'पहले शरत से पूछ लो। शरत महाराज भी माँ के मन की समझते थे। उन्होंने झट से सारी व्यवस्था करवा दी।'

माँ के अंतकाल में उन्होंने ही उनकी चिकित्सा की प्राणपण से चेष्टा की थी। रोग ने माँ को बच्चों जैसा बना दिया था। जब भी वे खाने में आनाकानी करतीं तो भक्त शरत महाराज को बुलाने की बात करते। वे झट से कहा मान लेतीं।

एक दिन जिद पर अड़ गईं। सेविका ने पूछा—'बुलाऊँ, शरत महाराज को'

वे बोली—'हाँ, बुला ला।'

शरत आए, बड़े प्यार से माँ के हाथों पर हाथ फिराया। उन्हें बड़े स्नेह

से बिठाकर दूध दिया और बोले—'माँ! थोड़ा सुस्ताकर आराम से पीओ।' सुनते ही माँ तृप्त हो उठीं—'वाह! क्या बात कही है। आत्मा प्रसन्न कर दी। तुम तो सही मायने में सेवा करना जानते हो। माफ करना बेटा, इतनी रात गए, तुम्हें यूँ ही कष्ट दिया। अब मैं खा लूँगी। तुम जाकर आराम करो।'

सारदानंदजी के मन में काफी समय से साध थी कि उन्हें भी श्रीमाँ की सेवा करने का सौभाग्य मिले, किंतु नाना प्रकार के कर्तव्यों व कार्यों ने ऐसा अवसर ही नहीं दिया। उस दिन अंतर्यामी श्रीमाँ ने स्वयं बुलवाकर उनकी यह हार्दिक इच्छा भी पूरी कर दी थी।

अपनी लीला संवरण करने से पूर्व श्रीमाँ ने रामकृष्णजी की भक्तरूपी लहलहाती बगिया को स्वामी सारदानंदजी को ही सौंपा था। उन्होंने उनका हाथ अपने हाथ में थाम कर कहा था—'शरत, ये लोग रहे। इन्हें देखना।'

जब श्रीरामकृष्णजीवित थे तो वे स्वयं ही उन बालक भक्तों को माँ को सौंप गए थे। तब स्वामी अद्‌भुतानंदजी (लाटू) पंचवटी में ध्यान किया करते थे। माँ के सिर काम का बोझ चढ़ता जा रहा था। पति के विशाल परिवार के लिए तीन समय का भोजन तैयार करना सरल न था। उन्होंने लाटू से कहा—'तू यहाँ बैठा है। वे अकेली रोटी बेल रही हैं।'

फिर लाटू को माँ के पास ले जाकर बोले, ''यह सात्त्विक लड़का है। तुम्हारी हर कार्य में सहायता करेगा।''

उसी दिन से स्वामी अद्‌भुतानंदजी माँ के परिवार से जुड़ गए। इसी प्रकार उन्होंने अपने मानसपुत्र स्वामी ब्रह्मानंद का परिचय भी माँ से स्वयं करवाया था।

कहना न होगा कि रामकृष्णजी ने श्रीमाँ को संतान भक्तों से जोड़े रखने की जो व्यवस्था की थी, वह आगे चलकर और भी सुदृढ़ होती गई।

अपनी भक्त संतानों के प्रति श्रीमाँ के स्नेह का मानो अंत ही नहीं था। किसे, कब क्या देना है। किसे खाने में क्या पसंद है, कौन क्या चाहता है। वे एक माँ की तरह सब बातों पर ध्यान देतीं। उन्होंने मातृस्नेह के रूप में

ही अपनी अनंत शक्ति का परिचय दिया था।

रामकृष्णजी ने भक्त बालकों के आहार-विहार व साधन-भजन आदि का निर्देश दे रखा था। वे स्वयं नौबतखाने में जाकर माँ को कह आए थे कि किसे कितनी रोटियाँ देनी होंगी।

जब सभी भोजन करके आते तो वे पूछते कि किसने कितनी रोटियाँ खाईं। राखाल के लिए छह रोटियों का निर्देश था। पूछने पर पता चला कि उन्होंने सात रोटियाँ खाईं। दूसरे से पूछा तो उसने भी अधिक बताईं। 'क्यों' का जवाब मिला, 'माँ ने दी थीं।'

रामकृष्णजी ने सीधा माँ को उलाहना दिया था—'इन्हें साधु बनना है तो इतनी रोटियाँ खाने से कैसे चलेगा? भोजन पर संयम तो रखना होगा।'

माँ को अपने बच्चों के भोजन पर की गई रोक-टोक कभी पसंद नहीं आती। वे बोलीं—'मेरे बच्चों के लिए आपको इतना सोचने की आवश्यकता नहीं है। अब से मैं ही देख लूँगी कि किसके लिए क्या सही है और क्या गलत···'

रामकृष्णजी मुसकराते हुए लौट आए। उन्हीं के कठोर अनुशासन व माँ के स्नेह भरे पालन के बीच संतान भक्तों ने शिक्षा-दीक्षा पाई।

भक्तगण माँ से किस तरह अभिन्न थे तथा किस रूप में उन्हें पूजते थे। स्वामी प्रेमानंदजी के शब्दों से पता चलता है—'श्रीमाँ को भला कौन पहचान सकता है। उनमें ऐश्वर्य का तनिक भी प्रकाश नहीं। ठाकुर में तो विद्या का ऐश्वर्य था, किंतु माँ में तो उसका लेशमात्र भी नहीं है। महाशक्ति स्वरूपिणी माँ की जय हो!

जिस विष को हम स्वयं पचा नहीं पाते, उसे माँ के पास भेज देते हैं और माँ सबको गोद में खींच लेती हैं। ठाकुर भी ठोक-पीटकर शिष्य बनाते थे, किंतु माँ की तो बात ही निराली है। सब अद्‍भुत व्यापार है। वे सबको आश्रय दे रही हैं, सबकी वस्तुएँ ग्रहण कर रही हैं, सब पचाए जा रही हैं, जय हो! जय हो! माँ!!।'

□

श्रीमाँ तथा भगिनी निवेदिता

भगिनी निवेदिता ने श्रीमाँ से प्रथम भेंट को अपने जीवन की एक अविस्मरणीय व विशिष्ट घटना कहा था। श्रीमाँ उन दिनों कलकत्ता के बोसपाड़ा लेन में रह रही थीं। निवेदिता के हृदय में उथल-पुथल मची थी कि श्रीमाँ विदेशिनी स्त्रियों से कैसे पेश आएँगी? कहीं वे भी उन्हें कट्टर भारतीय स्त्रियों की भांति दुत्कार तो नहीं देंगी? कहीं उन्होंने उनसे मिलने से ही इनकार कर दिया तो? लेकिन निवेदिता की सारी आशंकाएँ निर्मूल रहीं। माँ बड़े अपनत्व तथा अनुराग से मिलीं व 'मेरी बेटी' कहकर संबोधित किया।

यद्यपि भाषा का व्यवधान बीच में था, किंतु सहज स्नेह का स्पर्श भला कौन नहीं पहचानता। माँ ने न केवल उनका स्वागत किया; अपितु उनके साथ बैठकर भोजन भी किया। उन परिस्थितियों में, तत्कालीन मान्यताओं के अनुसार, दूसरे धर्म की अनुयायी विदेशी महिलाओं के साथ, एक हिंदू ब्राह्मण महिला का भोजन करना, इससे बड़ी घटना क्या हो सकती है।

श्रीमाँ ने स्वेच्छा से इस जड़ता को तोड़ा। वे विदेशी महिलाएँ उनके नरेन का कार्य करने ही तो भारत आई थीं। फिर जो एक बार ठाकुर की शरण में आ गया, उससे विमुखता या परायापन कैसा! माँ ने उन विदेशी भक्त महिलाओं को हिंदू समाज में समाहित करने की स्वीकृति दे दी थी।

इस कृत्य से स्वयं स्वामी विवेकानंदजी भी विशेष रूप से प्रसन्न हुए व अपने मित्र से इस प्रसंग का पत्रोल्लेख भी किया। निवेदिता व श्रीमाँ की यह प्रथम भेंट ही उन्हें माँ-पुत्री के पवित्र बंधन में बाँधने के लिए यथेष्ट थी। उन्होंने अपनी एक सहेली को पत्र में लिखा—'वे बहुत ही प्यारी, नम्र व सुसंस्कृत महिला हैं। मानो माधुर्य, सहृदयता तथा प्रेम की मूर्ति सजीव रूप में हमारे समक्ष खड़ी हो। वे बहुत कट्टर धर्मपरायण हैं तथा पुरानी परंपराओं का सदा से पालन करती आई हैं, किंतु दो विदेशी महिला भक्तों को देखते ही उनकी कट्टरता जाने कहाँ चली गई।

जिस प्रकार अन्य अतिथि श्रीमाँ के चरणों में फल अर्पित करते हैं। वैसा ही हमने भी किया तो उन्होंने उसे स्वीकार कर लिया। उनकी उदारता ने समाज में एक प्रतिष्ठित स्थान प्रदान किया है। हम स्वयं को गौरवान्वित महसूस कर रहे हैं।'

निवेदिता स्वामीजी उनकी सेवा के लिए भारत आई थीं। ऐसे में श्रीमाँ का आशीर्वाद पाना उनके लिए किसी भी सौभाग्य-निधि से बढ़कर था। वे स्वयं को हिंदू समाज की उन स्त्रियों के बीच स्थापित करना चाहती थीं, जिनके लिए वे आई थीं। यही सोचकर उन्होंने स्वामीजी से आग्रह किया कि उन्हें श्रीमाँ व अन्य भक्त महिलाओं के साथ रहने की अनुमति मिले।

माँ के यहाँ अतिथि बनकर निवेदिता ने उन्हें कितने धर्मसंकट में डाला था। इसका आभास उन्हें बहुत समय बाद हुआ। माँ के साथ कई भक्त महिलाएँ रहती थीं। जिसमें से कई कट्टर हिंदू व पुरातनपंथी वृद्ध महिलाएँ थीं। निवेदिता को उनके कटाक्षों तथा व्यंग्यबाणों से बचाने के लिए श्रीमाँ को कितना जतन करना पड़ता होगा, ये तो वही जानती थीं।

श्रीमाँ के हृदय में निवेदिता ने अपनी एक जगह बना ली थी। कुछ दिन उनके यहाँ रहने के बाद निवेदिता के लिए किराए का घर लिया गया। हालाँकि दोपहर का समय निवेदिता उनके पास ही बिताती थीं, किंतु श्रीमाँ के कहने पर वे रात को सोने के लिए भी वहीं जाने लगीं।

वे सभी महिलाओं के साथ बरामदे के फर्श पर चटाई बिछाकर सोतीं। गोलाप की माँ ने प्रारंभिक संकोच के बाद निवेदिता को अपना लिया। वे उसे नरेन की पुत्री कहती थीं। वहाँ निवेदिता ने पहले-पहल उनकी सादी, किंतु जटिल जीवन-प्रणाली को पास से देखा। हिंदू जीवन से छोटे-बड़े संस्कारों को सीखना व जानना बहुत जरूरी था। उसके लिए इससे बेहतर स्थान और कौन-सा हो सकता था। निवेदिता शीघ्र ही उन महिलाओं के जीवन-मूल्यों व आचार-विचारों से परिचित हो गईं।

वह छोटा-सा महिला भक्त परिवार सुबह जल्दी उठता। सभी पूर्व की ओर मुख करके जयमाला फेरतीं। सूर्योदय के बाद सारे घर की सफाई के बाद स्नान-पर्व चलता। श्रीमाँ पूजा करने बैठतीं तो अन्य महिलाएँ पूजा की तैयारी करतीं, जैसे फूल लाना, नैवेद्य की व्यवस्था, पूजा की थाली सजाना, माँ का आसन लगाना आदि। दोपहर को सभी विश्राम करतीं। वे पौराणिक तथा धार्मिक कथाओं को गाकर व अभिनय करके अपना मनोरंजन करतीं।

इस सहज व स्नेही वातावरण में निवेदिता ऐसे घुल-मिल गईं, मानो उनका जन्म यहीं हुआ हो। एक दिन लक्ष्मी दीदी, देवी माँ जगद्धात्री की भूमिका कर रही थीं, तब निवेदिता ने माँ का वाहन बनने का अभिनय किया व दहाड़ते हुए कमरे के दो-तीन चक्कर लगाए। सभी महिलाओं ने खूब आनंद लिया।

माँ शारदा की उपस्थिति से उस महिला-मंडली का वातावरण कितना दिव्य व पवित्र था, इसे बताया नहीं जा सकता। निवेदिता ने उनके विषय में लिखा था—

'श्रीमाँ पुरानी पीढ़ी का अंतिम पड़ाव हैं या नई पीढ़ी का आरंभ? बुद्धिमत्ता तथा माधुर्य का सरल रूप यदि किसी को मिल सकता है तो वे माँ सारदा ही हैं। उनका आदर व विशाल दृष्टिकोण भी मेरे लिए उतना ही महत्त्व रखता है, जितनी उनकी हृदय की विशालता। उनका जीवन प्रार्थना की एक ऐसी क्रमबद्ध शृंखला है, जिसमें अपूर्व शांति के साथ-

साथ स्थिरता भी है।'

निवेदिता ने जब स्वामीजी की मृत्यु के बाद रामकृष्ण मठ से अपना नाता तोड़ लिया, तो भी वे श्रीमाँ के सहज स्नेहबंधन में बँधी रहीं। वे जब भी कलकत्ता से बाहर जातीं या कहीं से लौटतीं तो माँ का आशीर्वाद अवश्य लेतीं।

वे श्रीमाँ को अपनी जन्मदात्री माँ मानती थीं। एक स्थान पर वे लिखती हैं –'माँ अर्थात् उत्कट स्वरूप का प्रेमभाव जो हम में से किसी को भी, कभी भी अस्वीकृत नहीं कर सकता। माँ अर्थात् पवित्रता, जहाँ किसी प्रकार की कृष्णछाया नहीं। श्रीमाँ के मातृत्व की कल्पना करना इतना सहज नहीं है।'

निवेदिता बड़े सेवा-भाव से माँ के छोटे-बड़े कार्य करतीं। उनके बैठने का स्थान साफ कर, बड़े आदर से चटाई बिछातीं। यद्यपि उनकी आर्थिक दशा ऐसी न थी कि वे माँ को सुंदर वस्तुएँ उपहार में दे सकें, किंतु फिर भी वे कुछ-न-कुछ लाने का प्रयास अवश्य करतीं।

उन्होंने माँ को जर्मन सिल्वर की छोटी डिबिया व गुलुबंद भेंट किया था। माँ उस डिबिया में रामकृष्णदेव के केश रखती थीं, जिनका वे प्रतिदिन पूजन करती थीं। गुलुबंद फट जाने पर भी उन्होंने उसे सँभाले रखा, क्योंकि वह निवेदिता का स्नेहोपहार जो था।

उन्होंने स्वयं निवेदिता के लिए एक पंखा बुना था। उसे भेंट में पाकर निवेदिता की प्रसन्नता की सीमा न रही। वे उसे कभी उलट-पुलट कर देखतीं तो कभी माथे से लगा लेतीं। माँ के लिए यह एक कौतूहल था कि किस तरह निवेदिता ने उनके छोटे से उपहार को भी इतना मान दिया था।

माँ जब भी कलकत्ता आतीं तो निवेदिता उन्हें अपनी कन्या पाठशाला में आमंत्रित करतीं। वहाँ माँ का आगमन एक उत्सव हो जाता। प्रवेशद्वार की फूलों से सजावट करने के बाद, प्रत्येक कक्ष की अच्छी तरह साफ-सफाई होती। माँ के पहुँचते ही निवेदिता उन्हें प्रणाम करतीं और फिर

कन्याएँ माँ को पुष्पांजलि अर्पित करतीं।

श्रीमाँ निवेदिता की प्रेरणास्रोत थीं। जब वे स्वामीजी के महती कार्य के लिए धन जुटाने विदेश गईं तो माँ ने उन्हें एक पत्र लिखवाया था। उसके कुछ अंश देखें-

'प्यारी बच्ची! ईश्वर भारत में महिलाश्रम बनाने की तुम्हारी इच्छा सफल करे। तुम्हारी आध्यात्मिक उन्नति हो। तुम्हारा कार्य वास्तव में प्रशंसनीय है पर बंगाली मत भूलना वरना तुम्हारे लौटने पर मैं तुमसे बात नहीं कर पाऊँगी। मुझे जान कर खुशी हुई कि तुम वहाँ सीता व राम की कहानियाँ सुनाती हो। मुझे पूरा भरोसा है कि संसार की व्यर्थ बातों में मन को उलझाकर रखने की अपेक्षा इन महान् चरित्रों के बारे में बातें करना कई गुणा श्रेष्ठ है। ईश्वर का नाम व जीवनकार्य कितने सुंदर व बोधप्रद हैं।'

निवेदिता एक नन्ही उत्साही बालिका की तरह अपनी छोटी-बड़ी उपलब्धि का समाचार माँ को अवश्य देतीं। माँ के स्नेह तथा वात्सल्य का ही फल था कि परिवार से इतना दूर रहने पर भी निवेदिता को जीवन में मातृस्नेह से वंचित नहीं रहना पड़ा।

एक बार निवेदिता विदेश में श्रीमती डल के पास थीं। डल उन दिनों रोगग्रस्त थीं। निवेदिता उनके लिए प्रार्थना हेतु चर्च गईं, वहाँ उन्होंने मैडोना की जगह माँ शारदा के साक्षात् दर्शन किए थे। आते ही उन्होंने पत्र में लिखा—

'प्यारी माँ,

आज मैंने गिरजाघर में आपके साक्षात् दर्शन किए। माँ, आप कितनी अच्छी हो। आपके हृदय में प्यार का सागर लहराता है। आपका प्यार कभी पक्षपात नहीं करता। श्रीरामकृष्णदेव ने आपके रूप में विश्व के लिए दिव्य प्रेम से लबालब पात्र रख छोड़ा है।

अपने रोग के दुःखों से पीड़ित सारा के लिए अपनी अपूर्व शांति का

कुछ भाग भेजो। आपके विचारों में अपूर्व शांति है। यह ईश्वर प्रदत्त आशीर्वाद कुछ ऐसा ही है, मानो कमल के पत्तों पर जलबिंदु।'

निवेदिता ने न केवल श्रीमाँ बल्कि उनकी महिला भक्तों व माँ श्यामा को भी अपना बना लिया था। उन्होंने श्रीमाँ की माँ की भी यथाजतन सेवा की थी।

निवेदिता नहीं रहीं। एक शाम भगिनी क्रिस्टीन माँ से मिलने गईं तो माँ निवेदिता को याद कर रोने लगीं व बोलीं—'आहा, दोनों साथ रहती थीं। अकेले रहने में तो तुम्हें बहुत कष्ट होता होगा। उसके लिए हमारे ही प्राण छटपटाते हैं। तुम्हें तो और भी दुःख होता होगा। बेटी! क्या ही मनुष्य थी! उसके लिए आज जाने कितने प्राण रोते हैं।'

□

श्रीमाँ तथा महिला भक्त

श्रीमाँ ने आजीवन रामकृष्णजी के आदेशों का अक्षरक्षः पालन किया, किंतु एक क्षेत्र ऐसा भी था, जहाँ वे अपने मन की करती थीं। वह था उनका 'मातृत्व भाव'। जो स्नेह से एक बार 'माँ' पुकार देता, वह तत्क्षण उसकी जननी हो जातीं। इस अध्याय में हम उनकी महिला भक्तों व संगिनियों की चर्चा करेंगे। अपने जीवनकाल में उन्होंने अनेक ऐसी महिलाओं को भी अपनाया जो पतिता थीं, किंतु अपना उद्धार चाहती थीं। इस विषय में वे किसी की नहीं सुनती थीं।

जब रामकृष्णजी जीवित थे तो माँ के पास एक वृद्धा आती थी। सभी जानते थे कि उस स्त्री ने युवावस्था में कितने कुकर्म किए थे। पति ने उन्हें इस विषय में चेताया तो वे बोलीं—'अतीत चाहे जो भी रहा हो, अब तो वह धर्म के पथ पर चल रही हैं।'

रामकृष्णजी भी पत्नी का मनोभाव जान गए और उन्हें फिर नहीं टोका।

एक थीं श्रीमती अघोरमणि देवी। उन्होंने दीर्घ उपासना के बाद बालकृष्ण के दर्शन पाए थे। वे काफी वयोवृद्धा थीं। रामकृष्णजी में अपने गोपाल के दर्शन पाती थीं। इसी से सब उन्हें गोपाल की माँ कहकर पुकारते थे।

माँ की एक और संगिनी थी—'गोलाप माँ'। गोलाप माँ ब्राह्मणी थीं। पुत्री के वियोग से दुखी थीं। माँ ने बड़े स्नेह से उन्हें ग्रहण किया व उनके मन का शोक कुछ घटा। रामकृष्णजी ने भी उनसे कहा था—'इसकी देखभाल करना। ये अंत तक तुम्हारे साथ रहेगी।'

गोलाप माँ ने पूरा जीवन माँ की सेवा में अर्पित कर दिया। वह माँ की अंतरंग सखी थी। माँ जहाँ भी जातीं, गोलाप माँ साथ-साथ रहती।

ऐसी ही थीं योगीन माँ। योगीन माँ, श्रीमाँ की आज्ञा से वृंदावन में तप करने गई थीं। वे सबके बीच योगेन माँ कहलाती थीं। संभ्रांत घराने में विवाह होने पर भी जीवन में सुख नहीं मिला। पहली ही भेंट में वह माँ की प्रिया तथा अंतरंग सखी हो गई थीं। माँ उसके हाथ की बनी चोटी दो-दो दिन नहीं खोलती थी। वे माँ के अंत काल तक साथ रहीं। उनके लिए रामकृष्णजी ने कहा था।

योगेन साधारण स्त्री नहीं है—सहस्रदल पद्म की कली है। जो जल्दी नहीं सूखती, धीरे-धीरे खिलकर चारों ओर सौरभ बिखेरती है।

श्रीमाँ नित्य पतिदेव के भोजन की थाली स्वयं ले जाती थीं व उन्हें भोजन कराती थीं। एक दिन राह में स्त्रीभक्त आ गई व उनके हाथ से थाली लेकर बोली—'माँ! मैं ठाकुर को भोजन करा दूँ।'

वह रामकृष्णजी के सामने थाली रखकर चली गई। माँ भी पास ही बैठीं किंतु उस दिन ठाकुर ने उस स्त्री का छुआ नहीं खाया। वह स्त्री पतिता थी। श्रीमाँ बोलीं—'मैं सब जानती हूँ लेकिन क्या करूँ। जब कोई 'माँ' कहकर पुकारेगा तो 'न' नहीं बोल सकती। तुम सिर्फ मेरे नहीं, सबके ठाकुर हो।'

रामकृष्णजी ने स्वयं माँ को महिला भक्तों के सम्मुख प्रकट किया था। एक दिन एक महिला भक्त परिवार में अनिष्ट को टालने के लिए औषधि या मंत्र लेने आई। उन्होंने उसे माँ के पास भेजकर कहा—"वहाँ एक महिला रहती है। जिसकी शक्ति व ज्ञान मुझसे भी अधिक है।"

माँ प्रार्थना में थीं। उन्होंने महिला को रामकृष्णजी के पास लौटा दिया। इस प्रकार दो-तीन बार हुआ तो माँ का हृदय द्रवित हो उठा। पास में ही बेलपत्र पड़े थे। उन्हें देकर वे बोलीं—'इन्हें ले जाओ, तुम्हारी मनोकामना पूरी होगी।'

इस तरह माँ, रामकृष्णजी ने उनके वरदहस्त को सबके लिए खोल दिया। माँ की अंतरंग सखियों ने बहुत पहले ही उनकी आध्यात्मिक शक्ति पहचान ली थी।

एक थीं—'गौरी माँ'। उनकी भी माँ से काफी घनिष्ठता थी। माँ उन्हें प्यार से गौरदासी कहती थीं। उन्होंने ठाकुर की इच्छा से पूरा जीवन स्त्री-शिक्षा के लिए समर्पित कर दिया था।

ठाकुर की मृत्यु के बाद गौरदासी ने ही माँ को चिरसधवा कहा था तथा समझाया था कि उनके पति 'चिन्मय' हैं। वे कभी विधवा नहीं हो सकतीं।

योगेन माँ, माँ की अनेक भाव समाधियों की साक्षी थीं। जब माँ घोर सांसारिक जीवन में व्यस्त हो गईं तो उनके मन में भी संशय उत्पन्न हुआ। वे सोचने लगीं—'कहाँ ठाकुर और कहाँ ऐसी घोर संसारी माँ।'

एक दिन वे गंगा किनारे ध्यान कर रही थीं कि वहाँ रामकृष्णजी प्रकट हुए व बोले—'देखो, गंगा में क्या बहता जा रहा है।' योगेन ने देखा कि नाड़ियों से लिपटा नवजात शिशु बहता जा रहा था। उसे दिखाकर बोले—'क्या गंगा इससे अपवित्र हो गई? अपनी माँ को भी ऐसे ही जानना। उस पर कभी संदेह मत करना। वह तथा मैं एक ही तो हैं।'

योगेन ने झट माँ की चरणधूलि लेकर क्षमा माँगी तो अंतर्यामी माँ ने प्यार से गले लगा लिया।

सत्य जननी माँ शारदा के लिए सभी बालक समान थे। एक दिन महिला भक्त दोपहर में उनसे मिलने आई तो वे उससे बोलीं कि वह उन्हीं के बिछौने पर आराम कर लें। उन्हें सदा अपने सुख से ज्यादा चिंता दूसरे के दुःख की चिंता रहती थीं। बागबाजार में स्त्री-भक्तों की संख्या इतनी अधिक थी कि सँभाले नहीं सँभलती थी।

चाहे कोई धनी अथवा निर्धन हो, सभी माँ के स्नेह का प्रसाद पाते थे। हिंदू समाज की असहाय बाल-विधवाओं के लिए वे बहुत व्यथित रहती थीं। उनकी इच्छा थी कि वे भी पढ़ना-लिखना सीखकर पैरों पर खड़ी हों

तथा आजीवन परिवारजन के भरोसे न रहें।

निवेदिता की कन्या पाठशाला की कन्याएँ उन्हें बहुत चाहती थीं। माँ भी उनसे विशेष चाव से मिलतीं व नाना प्रकार की बातें करतीं।

आंग्ल समाज की महिलाएँ भी उनकी अपनी थीं। एक दिन एक मेम उनसे मिलने आई। मेम बांग्ला जानती थी। उसने अपनी रोगी पुत्री के रोगमुक्त होने के लिए प्रार्थना की। माँ ने ठाकुर की ओर देखा। कुछ देर आँखें बंद किए जाप करती रहीं। फिर बेलपत्र देते हुए कहा—'इसे बेटी के सिर पर फेर देना।' मेम ने प्रसाद ग्रहण किया व पूछा कि ये सूख जाएँ तो क्या करें। एक महिला भक्त बोलीं—'गंगा में बहा देना।'

तब मेम ने कहा कि वह उसे कपड़े की थैली में रखेगी व रोज बच्ची के सिर से फिराएगी। यह सुनकर माँ के चेहरे पर मंद स्मित खेल उठा।

श्रीमाँ ने उस मेम को दीक्षा भी दी थी। एक दिन एक स्त्री गेरुए वस्त्रों में आ पहुँची। माँ ने उसका वेष देखकर पूछा कि उसने दीक्षा कहाँ से ली। वह महिला बोली कि उसने कहीं से भी दीक्षा लिए बिना यूँ ही रुद्राक्ष व भगवा धारण किया है। माँ ने कहा था—'तुम्हारे इस वेष को देख जब लोग प्रणाम करने आएँगे तो क्या उस प्रणाम को स्वीकारने की शक्ति है।'

फिर उस महिला ने दीक्षा लेनी चाही तो माँ ने बातों ही बातों में टाल दिया। उन्हें आडंबर से विशेष रूप से चिढ़ थी।

एक महिला भक्त थीं 'ब्रजेश्वरी देवी'। वे हिस्टीरिया से पीड़ित थीं। जाने कितनी चिकित्सा करवाई, किंतु लाभ नहीं हुआ। माँ की कृपा दृष्टि से उनके मानसिक व शारीरिक सभी प्रकार के रोग जाते रहे।

माँ की गौरदासी अंत तक उनके संपर्क में रही। जब माँ रोगग्रस्त थीं तो वे कभी पंखे से हवा कर देतीं तो कभी कोई और सेवा। माँ ने स्पष्ट शब्दों में उन्हें अपने पास आने से मना कर दिया। गौरदासी फिर भी आती रहीं। वे माँ को स्पर्श किए बिना, दरवाजे से ही देखकर लौट जाती थीं। इस प्रकार माँ ने अंत में अपनी माया के सभी बंधन काट दिए थे।

नाना महिला भक्तों के अतिरिक्त, माँ के जीवन में परिवार की अनेक

स्त्रियों का भी साथ रहा। इनमें से कुछ तो उनके आध्यात्मिक रूप को पहचानती थीं और कुछ केवल उनकी संबंधी थीं।

माँ की मृत्यु के बाद, उनके सिर अपने मायके के सभी स्वजनों का भार आ गया था। इतने विशाल परिवार में से कोई-न-कोई उनके पास बनी ही रहती। उन्होंने बड़े स्नेह से अपनी भौजाइयों व भतीजियों को सँभाला। अपनी ओर से जो कुछ बन पड़ा, वह सब किया। घोर सांसारिक होने के उपालंभ भी सहे, किंतु कभी किसी की सहायता से मुँह नहीं मोड़ा।

केवल आश्रित संबंधी ही इस स्नेह के भागीदार नहीं थे। जाने कितने अनजाने चेहरे भी उनके मातृ-स्नेह की परिधि में बँधे थे। एक दिन एक बूढ़ी मजदूरनी सिर पर बोझा लिए गाँव में पहुँची। माँ ने उसे पूछा—'मल्लाहिन! इतने दिन से क्यों नहीं आईं। यह चेहरा इतना बुझा-बुझा क्यों है?'

'माँ! मेरा इकलौता कमाऊ पुत्र चल बसा' मल्लाहिन ने यह कहते ही रोना शुरू कर दिया। श्रीमाँ के मुख से एक शब्द भी न निकला। वे भी उसके पास ही बैठकर रोती रहीं। मानो उस जननी का पुत्र वियोग, उनका अपना दुख हो गया था।

स्वामी विवेकानंदजी की शिष्या मिस मैक्लाउड पहली ही भेंट में माँ के स्नेह से इतनी अभिभूत हो गईं कि काफी समय तक उनमें भावावेश बना रहा। सात समुद्र पार से आई, उस विदेशिनी के लिए भी मातृस्नेह का निर्झर लगातार प्रवाहित होता रहा।

श्रीमती बुल व कुमारी मैक्लाउड जब कलकत्ता में निवेदिता के यहाँ ठहरीं तो उन्होंने ही सबसे पहले माँ का छायाचित्र लेने की योजना बनाई। माँ तो स्वभाव से ही संकोची व लज्जालु थीं। वे अंत तक मना ही करती रहीं, किंतु महिला भक्तों ने भी हठ पूरा करने की ठान ली थी।

श्रीमती बुल ने कहा—'माँ! आपका चित्र अमरीका ले जाऊँगी व वहाँ ले जाकर उसकी पूजा करूँगी।'

अंततः माँ की अनुमति मिली। जब पहला चित्र खींचा जाने लगा तो

वे समाधिस्थ हो गईं। पहला चित्र वैसे ही लिया गया। दूसरे चित्र में वे स्वाभाविक अवस्था में बैठी थीं तथा तीसरे छायाचित्र में निवेदिता उनकी ओर मुँह किए बैठी थीं।

इस प्रकार विदेशिनी महिला भक्तों के आग्रह पर माँ ने जो तस्वीरें खिंचवाई। वे ही भक्तजनों के मंदिरों में पूजित हैं।

हमें यहाँ लक्ष्मी दीदी के विषय में भी बात करनी चाहिए। वे भी माँ के साथ रहीं। वे बाल-विधवा थीं। उन्हें पौराणिक धर्म-कथाओं का अच्छा ज्ञान था। महिला-भक्त मंडली के बीच, दोपहर के समय लक्ष्मी दीदी खूब रंग जमाती थीं। वे विभिन्न देवी-देवताओं के आख्यान सुनाकर व उनका अभिनय कर, सबको मोहित कर देती थीं।

अपने परिवार में माँ ने सबसे पहले गौरदासी के कहने पर, अपनी भावज सुवासिनी देवी को दीक्षा दी थी। वे उनकी मंत्र-शिष्या थीं। बाद में परिवार के दूसरे सदस्यों को भी यह सौभाग्य प्राप्त हुआ।

□□□